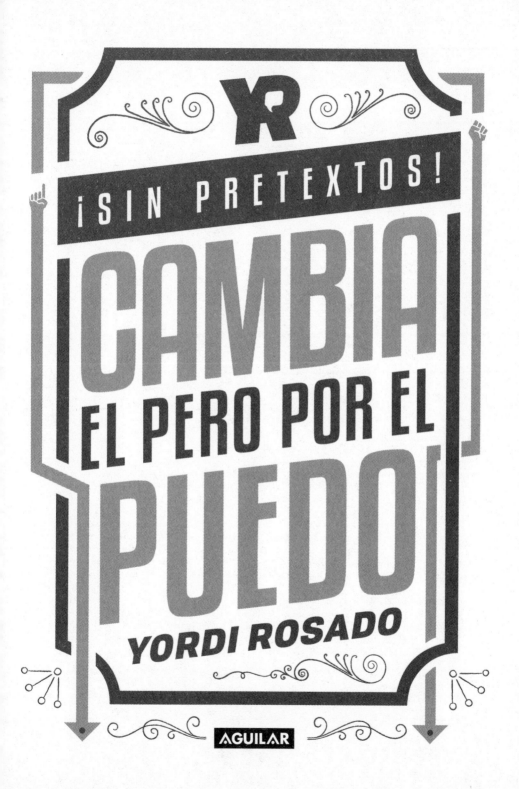

YR

¡SIN PRETEXTOS!

CAMBIA EL PERO POR EL PUEDO

YORDI ROSADO

AGUILAR

Primera edición: noviembre de 2019

© 2019, Yordi Rosado

© 2019, derechos de edición mundiales en lengua castellana:
Penguin Random House Grupo Editorial, S. A. de C. V.
Blvd. Miguel de Cervantes Saavedra núm. 301, 1er piso,
colonia Granada, alcaldía Miguel Hidalgo, C. P. 11520,
Ciudad de México
© 2019, Penguin Random House Grupo Editorial USA, LLC.
8950 SW 74th Court, Suite 2010
Miami, FL 33156

www.megustaleerenespanol.com

© Penguin Random House / Eddie Begun, por el diseño de cubierta
© Ramón Navarro, por el diseño e ilustraciones de interiores
© Óscar Ponce, por la fotografía del autor

ISBN: 978-1644731-49-9

Impreso en Estados Unidos – *Printed in USA*

Penguin
Random House
Grupo Editorial

A mis hijos, **Santiago, Regina y Elías:**
el proyecto más importante de mi vida.

ÍNDICE

" Tenemos que llevar a tu papá a un hospital psiquiátrico", fue una de las frases que más me han dolido en la vida.

—No entiendo, ¿por qué?, ¿aquí no se tratan las adicciones? —les pregunté.

—Sí, pero el señor Raúl ya tiene un daño cerebral muy serio y ya no lo podemos atender aquí. Ha estado muy agresivo.

Mi papá bebió siempre y *fuertísimo*; no era bebedor social de fines de semana, como mucha gente. Él tomaba en serio. Me daba mucho miedo que muriera en un accidente en una de sus borracheras. De chico no tuve problemas, la pasábamos muy bien juntos, no sé si era porque él no tomaba tanto todavía o porque yo no me daba cuenta, pero después este problema se hizo grande y él se hizo gigante (no importa que una persona mida 1.65 metros y pese 59 kilos, cuando toma diario y tú eres un niño, de verdad, lo ves como un gigante muy amenazador).

El asunto es que independientemente de la enfermedad del alcoholismo y de muchos momentos difíciles que vivimos, lo amé con todo mi corazón, siempre. Eso sí, cuando te dicen que la enfermedad de tu papá llegó al nivel de un hospital psiquiátrico, todos los cables se desconectan.

Dos días antes de ese momento, me habían llamado unos vecinos de él para decirme que pasara a verlo porque estaba actuando muy raro; nosotros vivíamos en la colonia Avante, muy cerca de la estación del metro Taxqueña y de Calzada de Tlalpan, en la Ciudad de México. En esa época mi papá vivía solo en la casa, yo estaba grabando en Televisa San Ángel y les pedí que me lo pasaran por teléfono. Cuando me contestó, me sorprendí muchísimo por lo que me dijo:

—Yordito, ¿qué hacen estos bomberos en la casa?, ¿y estas bailarinas?, ¿por qué hay tantas personas aquí?, ¿qué pasa?, ¿vendiste la casa?

—No, papá, cómo crees que voy a vender la casa.

Le dije que me pasara a cualquiera de las personas que tenía enfrente, con la esperanza de que alguien me contestara y mi papá sólo estuviera abrumado o medio confundido.

—Espérame —me dijo—. Señorita, le llama mi hijo...

En ese momento sentí mucho miedo, literal, es de las pocas veces que recuerdo que me han temblado las piernas; mientras tanto, por dentro rogaba que alguien me contestara del otro lado, después de unos diez segundos, mi papá me dijo: "Nadie quiere contestar."

Salí corriendo del foro, me subí al coche y me dirigí a su casa. No iba triste, iba enojado, con los dientes apretados, agarrando muy fuerte el volante y manejando tan rápido que no me fijé en nada ni en nadie en el camino. Cuando llegué, la puerta de la casa estaba abierta. Entré y vi a mi papá completamente solo mirando fijamente un cuadro con un paisaje de mar que teníamos en la sala.

—Papi, ¿qué haces?

—Viendo cómo suben y bajan las olas, ya sabes que me encanta el mar.

Sentí que se me cortaba la respiración, volteé a ver sus manos, estaba moviéndolas como si tuviera arena en una mano y se la estuviera pasando de una mano a la otra.

—¿Qué haces con las manos? —le pregunté.

No me contestó y me desesperé tanto que le grité:

—¿Qué estás haciendo con las manos?

—Jugando con esta cadenita.

—¿Cuál?

—Ésta.

Pero no tenía nada en las manos. Me enojé tanto, que le grité *fuertísimo*, "¡No hay ninguna cadenita, no tienes nada!", y le separé agresivamente las manos (pobrecito, él no entendía nada).

Me sentí impotente, devastado, con rabia, no supe qué otra cosa hacer, quería llorar, pero estaba tan enojado y tan *shockeado* que no podía. Tenía esperanzas de que no fuera real, pero lamentablemente sí lo fue.

Tomé su ropa y lo llevé a una clínica en adicciones llamada Claider, mi hermana Heidi me alcanzó ahí y lo internamos. Dos días después fue cuando nos dijeron que había estado muy agresivo con las enfermeras y con los doctores, que necesitábamos llevarlo a un psiquiátrico. Él estaba muy enojado con los doctores, pero cuando nos veía a mí y a mi hermana era muy amoroso, muy tierno, como si fuera un niño chiquito, y nos decía, "ya vámonos, *mihijitos*".

—¿Cómo lo vamos a llevar al nuevo hospital? —les pregunté a los doctores—. No va a querer, es más, no sé si nosotros queremos que vaya.

Ellos nos explicaron que su nivel de alcoholismo había dañado muchas neuronas, que el alcohol había afectado considerablemente su función cerebral y que era la única opción si queríamos que estuviera mejor. Nos comentaron que tendríamos que hacer una intervención, lo que significa prácticamente que entre doctores y familiares íbamos a convencerlo de intentar que fuera por su propio pie.

—¿Y si no quiere?

—No se preocupen, aquí afuera ya está una ambulancia con su equipo y ellos nos van ayudar.

Vi a cinco hombres afuera que tenían una camisa de fuerza en las manos. Creo que nunca en la vida había imaginado un momento así y mucho menos lo pensé para mi papá, para mi hermana y para mí.

La intervención fue un fracaso, mi papá se puso muy agresivo, nuestras técnicas de convencimiento y todos los argumentos de los doctores le hicieron los mandados y nos mandó a todos a la fregada.

El director de la clínica dio la orden y los enfermeros empezaron a tratar de someter a mi papá; nunca lo vi tan agresivo y con más fuerza que en ese momento. No lo podían controlar entre los cinco, mientras él gritaba manoteaba y les pegaba a todos con los puños cerrados. Heidi y yo no podíamos más con esa situación. Cuando lograron sujetarlo, mi papá empezó a llorar y a gritar al mismo tiempo. Habían pasado más de veinte años desde la última vez que lo había visto llorar. Lo sometieron y lo subieron a la camioneta, cerraron la puerta. Él nos veía directo a los ojos y nos suplicaba que lo ayudáramos. Cuando me subí a mi coche para seguirlo, me solté a llorar como nunca, no pude más. Sin duda, es uno de los momentos más tristes que he pasado en mi vida.

Cuando llegamos a la Clínica Psiquiátrica San Rafael, le hicieron pruebas y muchísimas preguntas, desde cómo se llamaba, hasta quiénes éramos nosotros. Lo peor de todo es que muchas cuestiones no las pudo contestar.

He visto a gente que pierde todo su dinero y vive en bancarrota, a personas que sufren por la muerte de un familiar y pasan por un duelo *fuertísimo*, a gente que pierde sus pertenencias y vive en la calle, a personas que les quitan la ropa y los desnudan para hacerlos sentir vulnerables, pero cuando una persona pierde la razón, cuando alguien no sabe cómo se llama o quiénes son sus hijos, lo ha perdido todo. Ver el cuerpo de una persona moviéndose, pero saber que ella no está ahí, es algo muy duro. Nunca había visto algo de ese nivel. La tristeza que sentimos mi hermana y yo ese día es algo que no puedo explicar por escrito.

En ese momento de mi vida tenía varios problemas personales y las cosas en el trabajo estaban bastante complicadas. Sé que hay problemas mucho más fuertes que éste y que cada uno tiene sus propios miedos y diferentes infiernos pero, en ese momento, esos eran los míos.

Recuerdo que me dolía en el alma ver a mi papá en un entorno de pacientes con problemas psiquiátricos muy avanzados, me preocupaba que perdiera la consciencia de por vida, que se perdiera un día cualquiera en la calle; me daba pavor que al ser yo una persona pública, una revista de chismes se enterara y sacara la foto de mi papá en la portada con una frase tipo: "El papá de Yordi Rosado está en el manicomio por alcohólico", acompañada de la peor foto que pudieran encontrar de él. Ese pánico no era tanto por mí, yo estoy dizque acostumbrado a esto (digo "dizque" porque no es real, siempre te duele todo lo que dicen de ti), pero mi papá se hubiera sentido muy triste de verse tan expuesto públicamente, él no era del medio artístico y no tenía por qué pagar ese precio.

Sin embargo, de alguna manera salimos adelante con toda esta situación. Me acuerdo que cuando me propusieron lo del hospital psiquiátrico, yo dije: "Me muero si mi papá llega a un manicomio", y ¿sabes qué? Sólo hay un problema con el que te mueres... y es cuando te mueres. Ningún otro. La mayoría de los problemas tienen solución y mejoría, y si alguna situación no tiene arreglo, existe una manera de aprender a vivir con ella, de sobrellevarla y de sacar provecho del problema. Sí, parece imposible, pero se puede obtener un beneficio hasta de las peores cosas. Está comprobado que:

- 95 por ciento de las cosas de las que te preocupas jamás pasarán.
- No puedes regresar al pasado para volver a empezar, pero sí puedes empezar ahora y cambiar el futuro.
- Cuando crees verdaderamente en algo, tu mente encuentra la manera de lograrlo.
- Tus logros no te definen, te define lo que superas.
- Lo peor del miedo es que te derrota sin luchar y sin intentarlo siquiera, haciéndose cada vez más grande. No obstante, cuando lo enfrentas te das cuenta de que era mucho más pequeño de lo que creías y forja tu seguridad para enfrentar cualquier cosa que venga.
- Todas las personas exitosas que hoy admiramos empezaron con un objetivo firme, creyendo en ellas más que en nadie más.

- Está comprobado científicamente que los problemas de salud, familia, abandono, abuso, dinero, pareja, enfermedad, trabajo y muchísimos etcéteras, sólo influyen 10 por ciento del total del problema para lograr tu felicidad. Las crisis son la mejor oportunidad para crecer, porque la vida te las pone en frente para que hagas lo que jamás te hubieras atrevido a hacer sola o solo, pero es lo que necesitas para conseguir algo mejor.

Tus logros no te definen, te define lo que superas.

- El éxito no se basa en hacer cosas fantásticas, sino en tomar cada caída como un aprendizaje y seguirlo intentando hasta lograr tu propósito.

ASÍ QUE, ¡SIN PRETEXTOS! TÚ PUEDES CAMBIAR EL QUIERO POR EL PUEDO.

En este libro vas a encontrar un gran número de herramientas, estrategias, consejos y estudios avalados por los más grandes pensadores, empresarios, conferencistas motivacionales, emprendedores, filósofos, terapeutas y líderes espirituales, así como lo que he podido aprender en vivo y a veces muy en directo, en este casi medio siglo de vida, lleno de altas y bajas, pero siempre yendo hacia delante.

Toda esta información tiene el objetivo de mejorar permanentemente la autoestima, de enfrentar los problemas y utilizarlos como escalones para seguir subiendo; reconocer y creer en nuestras virtudes para estar en el lugar que de verdad debemos estar; ubicar y aceptar nuestros defectos para que nos sirvan de trampolín y no de lastre; alcanzar esos objetivos que tenemos en la cabeza, pero no en las manos, y en especial para darnos cuenta de que podemos ser extremadamente felices con lo que tenemos y con lo que somos, porque —te tengo una noticia— lo que eres es mucho más que suficiente para ser... todo lo que quieres ser.

En conclusión, el propósito de este libro es que vayas por más, que te empoderes, que ubiques todos los atributos con los que cuentas y no has usado en muchos aspectos de tu vida, que conozcas y experimentes los alcances que en realidad tienes, en fin, que seas tan grande como puedes serlo.

Por cierto, mi papá estuvo cinco meses en el psiquiátrico. Después de cinco recaídas y mucho dolor, un día se despertó, nos la mentó a todos y jamás volvió a tomar una gota de alcohol, así, sin terapias extras, ni cuidadores, ni medicamentos. En ese momento de su vida sólo necesitó creer en él.

Vivió once años más, durante los cuales me reconecté con él. Entendí la enfermedad, nos pedimos disculpas; con mi hermana volvimos a ser una familia que perdimos por más de veinte años. Nos reímos más que nunca, comimos tacos como si no hubiera mañana, volvimos a meternos al mar, nos abrazamos como jamás lo hicimos antes, platiqué de cosas y temas que nunca habíamos tocado y se volvió mi ejemplo más grande.

Y, sabes qué, jamás se le olvidaron los nombres de mi hermana y el mío, nunca se perdió en la calle, ninguna revista de chismes se enteró, no perdió la conciencia y no murió en ningún accidente. El 14 de noviembre del 2016 lo encontró la muerte, feliz en su cama, con su café al lado y unos dulces del Mercado de Portales que le encantaban.

Finalmente, 95 por ciento de mis preocupaciones jamás sucedieron.

AUTOESTIMA

1

¡Qué pregunta tan fuerte!, ¿no? Es de ésas que nada más de leerlas duelen, pero si te dolió la pregunta, espero que estés sentado o sentada para escuchar la respuesta. La mayoría de las personas contesta: "No, creo que no soy suficiente."

Algunos piensan que no son suficientes en algún aspecto de su vida, otros en varios, muchos sienten que no tienen ni una gotita de valor y, por supuesto, hay gente que se siente bien en muchos aspectos de su vida (no es que sean una especie en extinción, cual vaquita marina, pero lamentablemente NO son la mayoría).

Hace unos años me presentaron a un empresario muy joven en una reunión en Guadalajara, lo llamaré Rodrigo para guardar su identidad. Era un cuate con mucha presencia, bastante galán, estaba en forma (se veía que hacía mucho ejercicio) y hablaba de negocios. Parecía que tenía mucho dinero, ya sabes, esas cosas se notan: muy bien vestido, muy buena ropa, el reloj pesadísimo que casi casi le dislocaba la muñeca, sin contar el respeto con el que todos le hablaban en la reunión. En fin, dicen que el dinero y el amor no se pueden ocultar, y éste era el caso.

Cuando lo conocí me pareció buena gente, aunque un poco presumido y ególatra, pero platicamos un rato bastante a gusto. Apenas se fue de donde estábamos, cuando todo mundo empezó a hablar mal de él. Decían que era grosero, arrogante, muy prepotente, que trataba muy mal a los demás, me di cuenta de que sus "amigos" no eran precisamente sus mayores fans.

Yo lo dejé de ver mucho tiempo, pero unos meses después, Rodrigo tuvo un accidente *fuertísimo*. Estaba en un yate con su familia, chocaron con un muelle y el yate no se hundió de inmediato, pero sí se incendió. Al capitán no le pasó nada porque cayó al agua y nadó, pero las dos hijas y la esposa de Rodrigo quedaron inconscientes dentro de la embarcación, muy cerca de la zona donde estaba el fuego.

Cuando él recuperó la conciencia se dio cuenta de lo que había pasado. Corrió adonde estaban sus hijas, para ello tuvo que pasar por la zona del fuego, estaba tan desesperado que no se puso nada encima. Al llegar al lugar donde ellas se encontraban, las tapó con unas toallas mojadas y logró sacarlas al muelle. Inevitablemente, empezó a quemarse, no obstante, regresó por su esposa y, aunque pesaba mucho, pudo aventarla fuera del barco. Lo malo es que las cosas se complicaron, porque como ya tenía las piernas quemadas, se cayó dentro del yate y una lona, u otra cosa que estaba moviéndose por el viento, se le pegó a la piel mientras se incendiaba. Minutos después llegó la ayuda y pudieron sacarlo lo más rápido posible.

El accidente tuvo varias consecuencias: sus hijas y su esposa tuvieron quemaduras no tan graves, gracias a la velocidad con la que Rodrigo las ayudó, pero a él lo rescataron con 90 por ciento del cuerpo quemado. La cara, el pelo, el pecho, la espalda, los brazos, las piernas, las manos, todo se quemó, menos los genitales; creo que por la posición en la que permaneció en el piso, fue lo único que se pudo proteger con las manos. En cambio, la cara y el cuerpo quedaron prácticamente irreconocibles.

Unos años después asistí a un evento organizado por una fundación de gente quemada (no recuerdo muy bien, creo que en esa ocasión fue la Fundación Michou y Mau), fui a jugar un partido de futbol entre conductores de televisión y personas accidentadas, para apoyar a la causa. Después de un rato se me acercó uno de los jugadores con una máscara de licra color carne que utilizan para proteger su piel y sus injertos.

—Hola, Yordi, ¿cómo estás? Soy Rodrigo.

Yo no sabía del accidente y no tenía idea de lo que había pasado hasta ese momento. Al principio, no sabía de qué Rodrigo me hablaba. Me recordó quién era, me platicó sobre su accidente y me preguntó si me molestaba que se quitara la máscara porque ya no aguantaba el calor. Le dije que no, que por supuesto no me molestaba. Cuando se la quitó, no pude creer lo quemado que estaba, tenía deformada toda la cara, no tenía orejas, nariz, cejas, tenía los ojos muy hundidos y las capas de la piel se veían sobrepuestas, como si estuvieran en carne viva.

Fue algo verdaderamente muy fuerte, sería una mentira que no diga que me impresionó muchísimo. He tenido muchas oportunidades de colaborar con asociaciones de niños quemados, pero creo que nunca había visto a un sobreviviente tan afectado.

No podía creer que era el mismo Rodrigo que había conocido en aquella reunión. Platicamos un rato, lo sentí muy triste. Le pregunté con quién había venido a la Ciudad de México y me dijo que solo; le comenté que tenía una grabación después del partido, pero que si quería ir a comer a mi casa más tarde, me gustaría mucho, y aceptó.

En esa época yo vivía en una casita muy chiquita por la colonia San Jerónimo e iba a comer en la casa con mi novia Rebeca (después mi esposa). Le llamé por teléfono, le comenté que iba a invitar a un amigo, le expliqué brevemente lo de su accidente y que su cara era muy impresionante, que estuviera preparada al abrir la puerta, no quería que la tomara por sorpresa, porque lo último que queríamos era hacerlo sentir incómodo, así lo hizo y todo funcionó muy bien.

Cuando llegué, ya eran grandes amigos, pedimos una pizza (porque en el refri no había mucho que comer) y nos platicó todo lo que había pasado. Luego del accidente lo llevaron a una clínica especializada en Estados Unidos y lo sometieron a tratamientos muy, muy dolorosos. Nos contó que su esposa todo el tiempo lo acompañó, pero que cuando ella lo curaba o lo bañaba, él se ponía muy agresivo y le gritaba cosas horribles, inclusive groserías, le faltó al respeto muy fuerte. Por más medicinas y tratamientos, Rodrigo no podía controlar el dolor, había estado muy irritable por todo y agresivo con todos, pero aún así su esposa había aguantado en cada momento.

Ese día me enteré de que su riqueza no había sido por herencia, sino que el dinero que tenía lo había ganado con su trabajo. Llevaba más de quince operaciones y no sé cuántos injertos de piel, muchas de estas intervenciones no se las había cubierto el seguro y después de varios años de no trabajar y de estos gastos tan fuertes había perdido casi toda su fortuna.

Nunca se me va a olvidar la frase que nos confió: "Antes del accidente tenía todo controlado, pero hoy no me siento suficiente en nada." Se sentía muy mal porque ya casi no tenía dinero; físicamente estaba muy lastimado, inclusive no podía caminar bien ni mover con facilidad sus brazos o tomar las cosas (había perdido casi todos los dedos). Muchos de sus amigos lo habían dejado, unos por interesados y otros porque su físico llamaba mucho la atención y no querían relacionarse con él.

Nos confesó que se sentía muy inseguro porque su esposa era una mujer guapísima y le daba miedo que tarde o temprano lo dejara: "¿Quién quiere estar con una persona con una cara como la mía? Parezco un monstruo." Estaba muy deprimido, esa noche nos contó muchas razones por las que se sentía muy inseguro.

Sabíamos que era una situación verdaderamente difícil la que le había tocado vivir, que estaba pasando por un duelo gigantesco, y no era fácil encontrar las palabras para animarlo o consolarlo. Por supuesto, le dijimos lo que seguramente estás pensando, que era un héroe, que había salvado a su familia y lo más importante: **estaba vivo**. Aún platicando de todo esto, no logramos subirle mucho el ánimo, Rodrigo se sentía muy triste y con su valía en el piso.

Antes del accidente él había basado su seguridad en el dinero, en el control hacia los demás, en los negocios, en el poder, en el físico, en ser un hombre atractivo y hasta en su forma de vestir. Y ese día que comimos juntos ya no tenía nada de eso.

Luego de ese encuentro seguimos en contacto, un día que fui a trabajar a Chihuahua coincidimos. Fuimos a cenar y le pregunté:

—¿Cómo estás?

Me encantó su respuesta.

—Mejor que nunca. Con mi esposa muy bien, más enamorados que antes. Mis hijas están muy bien en la escuela y son niñas muy seguras. Estoy trabajando en nuevos proyectos y todo va jalando perfecto, pero lo más importante es que me siento muy bien conmigo.

"La vida me enseñó que había puesto mi seguridad en muchas cosas superficiales y me di cuenta de que, al quedarme sin todo eso, sólo estaba mi esencia, no tenía nada más.

Cuando nos vimos en tu casa, sólo me tenía a mí y lo que verdaderamente era yo, mi familia era importante y me acompañaba, pero el único que podía cambiar y salir adelante era yo mismo. Si no quería salir de ese hoyo y reconstruir mi seguridad, nadie lo haría por mí. Intentaron todo, pero por más consejos, terapias y apoyo que me dieron, al final comprendí que sólo dependía de mí. Literal, estaba solo.

Después de pelear mucho, supe que estar conmigo era más que suficiente. Hoy tengo muy pocos amigos, pero verdaderos, entendí que mi valía no significaba estar *fitness* o no, sino que en mi interior había una persona más valiosa que un número en la báscula. Me di cuenta de que mi esposa no quería a un galán sino a un hombre y que yo lo soy para ella; que los negocios son sólo un medio para salir adelante, pero no determinan quien soy; que la imagen externa de una persona es un distractor de lo que de verdad es por dentro y que no importa lo que te pase y la situación en la que te encuentres, ESTAR VIVO es lo único que necesitas para comprender el valor que tienes. La vida me tuvo que quitar todo, incluso la piel, para comprender que mi verdadero valor estaba debajo de eso. Adentro." Concluyó.

Me quedé pasmado. Ésa fue posiblemente una de las lecciones más grandes que he recibido en mi vida:

> **"ESTAR VIVO ES LO ÚNICO QUE NECESITAS PARA COMPRENDER EL VALOR QUE TIENES."**

Creo que no necesitamos vivir un momento tan drástico como el que sufrió Rodrigo para descubrir lo que valemos; para darnos cuenta de que no importan todos los aspectos en los que te sientas inseguro, sólo son visiones falsas, porque siempre hay grandes valores, cualidades y características positivas que conforman la persona que eres en verdad.

De acuerdo con el psicólogo Gastón de Mézerville, es importante estar conscientes de nuestras cualidades y defectos, saber que somos capaces de hacer cosas buenas, pero también de cometer errores. Lo más importante es sacarle jugo a nuestra personalidad y no querer la perfección, es mejor ir en búsqueda del autoconocimiento.

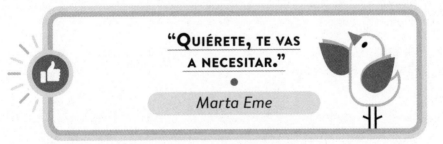

> **"QUIÉRETE, TE VAS A NECESITAR."**
>
> *Marta Eme*

¿Tú, en qué no te sientes suficiente? ¿En qué aspecto de tu vida? ¿Qué momento o situación son los que te ponen a temblar? ¿A qué situación le rehúyes cada vez que la tienes en frente? ¿En qué rasgo externo basas toda tu seguridad?

Seguro tienes varias respuestas. Quiero decirte que estés donde estés parada o parado, en este libro voy a poner todo mi esfuerzo para que encuentres herramientas, tácticas y hasta primeros auxilios para que te sientas mejor, enfrentes esos asuntos emocionales que todos tenemos, saques toda esa fuerza escondida (a veces tan pero tan bien escondida, que ni tú mismo sabes que la tienes) y, especialmente, para que conozcas a la verdadera persona que está dentro de ti.

Tim Robbins, escritor y conferencista de desarrollo personal, sostiene que dentro de cada ser humano hay un gran potencial en espera de liberarse, sólo hay que desbloquearlo. Todos estamos hechos para mejorar, lo único que hay que hacer es querer, estar en tierra fértil y ser regados constantemente, de esta manera, nos convertiremos en lo que anhelamos ser.

Así que arranquemos por el principio. Imagínate que no te sientes suficiente y...

- Tienes un reto complicadísimo en tu trabajo.
- Llevas años buscando pareja (pero resulta que nadie te está buscando a ti).
- Necesitas que te suban el sueldo (léase "me Urge" con U mayúscula).
- Tus hijos te confrontan y hasta miedo te dan.
- Hay algo en tu físico que no sólo no te gusta, sino que te hace sentir muy insegura o inseguro.
- Pusiste un negocio y no está funcionando bien (deja el "bien", simplemente NO está funcionando).

- La aceptación de tus papás depende de tus logros personales, aunque ya seas adulto.
- Tienes problemas en tu relación de pareja.
- Emprendiste algo nuevo y resulta que no es tan nuevo como creías.
- Ves a tus compañeros de trabajo con dinero y a ti te urge que llegue la quincena desde el día siete de cada mes (de cumplir con la tanda ni hablamos).
- Te preguntas todo el tiempo si fuiste mal mamá o papá.
- Odias tu chamba, sientes que te explotan, quieres encontrar algo mejor, pero te da miedo quedarte sin nada o no ser suficiente.
- Tienes problemas con tus amigos.
- Tu pareja te engaña.
- Llega alguien nuevo a tu trabajo que está mucho mejor preparado que tú.

Y a cualquiera de estas situaciones le sumas que tienes tu valor personal en el piso. Imagínate, es como querer apagar un incendio con una cubeta de gasolina, ¿estás de acuerdo?

Cuántas personas conoces que son engañadas por su pareja, con una doble (o casi triple) vida, que son cero discretas, que todooooo el mundo sabe que andan con otra persona y la pareja original no hace ni dice nada, sí, ¡nada!

¿Sabes por qué? Porque esa persona se siente tan poco suficiente, se ama tan poco, que prefiere las migajas de amor que le da su dizque pareja, al poco amor que se tiene ella. Por supuesto que puede haber motivos económicos o intereses personales, pero la mayoría de las personas que no pueden dejar a una pareja no se siente suficiente y cree que el otro les hace casi casi el favor de andar con ellos. ¡Qué difícil!, ¿no?

En este tema hay algo importantísimo: lo que piensas de ti afecta todos los aspectos de tu vida, prácticamente es la base de lo que logras o lo que jamás lograste, lo que amas o jamás amaste y hasta lo que dejas o de plano... jamás dejaste.

Piensa en la persona que admiras, casi casi idolatras (a veces hasta sin el casi casi). Ahora piensa en una persona "normal". Esas dos personas tienen sólo una diferencia: confían en ellas mismas. Creen que PUEDEN y por eso logran todo lo que se proponen. Es posible que sean muy talentosas en lo que hacen —y en eso tú no les llegas ni a los talones—, pero te aseguro que hay otro aspecto en el que eres igual de talentoso o talentosa, y en eso ellos tampoco te llegan ni a los talones.

El asunto es descubrir tu talento, ponerte una meta (tan grande como puedas), trabajar duro, pero lo más importante es creer en ti. Sí, creer en ti, independientemente de cualquier situación.

Beethoven es considerado uno de los compositores más importantes, no sólo de Europa o del período clásico y romántico, es considerado uno de los mejores compositores de la historia y, como muchos sabemos, era ¡sordo! Imagínate lo que creer en uno puede lograr.

Madonna no tiene precisamente la mejor voz que hallamos escuchado en el mundo del espectáculo y, a pesar de esto, ha vendido más de trescientos millones de producciones musicales, lleva casi cuatro décadas de carrera ininterrumpida y es considerada la solista más exitosa y de mayores ventas de todos los tiempos. Tiene algo más valioso que su voz: cree en ella.

Si estos ejemplos te parecen muy internacionales o históricos, no nos vayamos muy lejos, piensa en las personas que conoces que les va muy bien, quizá alguien que tiene un restaurante, puesto de mariscos, puesto callejero, estética, taller mecánico, negocio o lo que sea, y que han crecido de manera impresionante. Tal vez muchos de ellos no pudieron terminar (o inclusive ir) a la escuela. Pero, ¿cuál fue su mejor materia?

Creer en ellos mismos 1.

Pero no te preocupes, si en esta materia te has ido a segunda vuelta o a extraordinario varias veces en tu vida, en este libro vas a obtener la información para regularizarte y perfeccionarte.

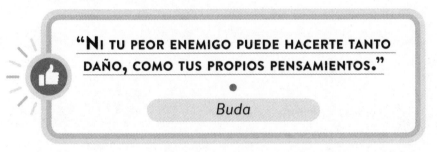

> **"Ni tu peor enemigo puede hacerte tanto daño, como tus propios pensamientos."**
>
> •
>
> *Buda*

La idea que tienes de ti se llama **autoestima**. Es como la torre de control de un aeropuerto, si tu torre no funciona, muchos vuelos van a salir retrasados, otros no podrán aterrizar y algunos de plano se van a estrellar.

El médico Christophe André, uno de los expertos más importantes del mundo sobre el tema, asegura que la autoestima es la herramienta más importante que tiene un ser humano para vivir.

De hecho, según la Asociación Mexicana de Alternativas en Psicología (AMAPSI), la baja autoestima es uno de los problemas psicológicos más importantes del mundo y de los que más afectan a todas las personas, y cuando hablamos de todas, es en serio, de tooooodas.

Directores de empresa, empleados, actores de Hollywood, policías, deportistas profesionales, deportistas llaneros con todo y caguama en mano, emprendedores, godínez, youtubers, editores, CEOs, maestros, amas y amos de casa, presidentes, albañiles, políticos, padres (de familia y de iglesia), madres (de familia y de "ya valió"), estudiantes, reinas, reyes, *mirreyes*, psicólogos y muchos etcéteras, todos estamos sujetos a bajas de autoestima muy constantes, y de hecho, es completamente normal.

O sea que si de alguna manera sientes que tu autoestima de vez en cuando (o de vez en siempre) anda volando bajo, no te asustes, es bastante común y no estás solo. Para que tengas idea de lo que te digo, mira esta tabla:

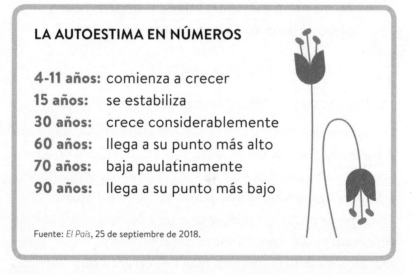

LA AUTOESTIMA EN NÚMEROS

4-11 años: comienza a crecer
15 años: se estabiliza
30 años: crece considerablemente
60 años: llega a su punto más alto
70 años: baja paulatinamente
90 años: llega a su punto más bajo

Fuente: *El País*, 25 de septiembre de 2018.

Todos podemos elevar nuestra autoestima y decidir en qué momento empezamos a confiar en nosotros, más que en cualquier otra persona. Nunca, absolutamente nunca, es tarde.

Estudios recientes llevados a cabo por académicos de la Universidad de Berna afirman que la autoestima tiene impacto directo sobre nuestra vida y, en particular, sobre el éxito y el bienestar, sobre el trabajo y la salud, tanto física como mental. De manera que debemos estar atentos a mejorarla en todo momento.

Una vez descubrí algo de mí que durante muchos años me frenó en una parte emocional. Recuerdo que le dije a la persona que me abrió los ojos:

—Qué lastima que aprendí esto hasta los 38 años.

—Es una edad perfecta, pudiste no haberlo descubierto nunca. De hoy en adelante ocúpalo —me contestó.

Y tiene toda la razón, aprendí que mientras estés vivo, puedes mejorar las cosas. Nunca es tarde para ser mejor.

La autoestima y la confianza en uno pueden impulsarte a lo más alto que puedas imaginar y la carencia de ellas puede hundirte en problemas que de seguro no podrás ni creer.

Déjame platicarte algo que me pasó hace tiempo.

Por más de quince años he dado conferencias, en los primeros años, me subía al escenario y aunque todo estaba perfecto —el lugar, el público, el audio se escuchaba muy bien, el aire acondicionado en su punto, la gente muy atenta y receptiva, todos asintiendo con la cabeza—, yo sólo me fijaba en el señor o en la señora de cara seria, así como de "no me está gustando esto". ¡¡¡Imagínate!!! Había unas tres mil personas y yo tenía tooooda la atención en una sola. No me importaba que hubiera 2 999 personas interesadas y contentas con la información, yo quería que esa única persona reaccionara, que estuviera feliz con la información, que se parara de su silla y gritara de la emoción, que casi casi sacara una cartulina escrita con marcador (del grueso) con la frase:

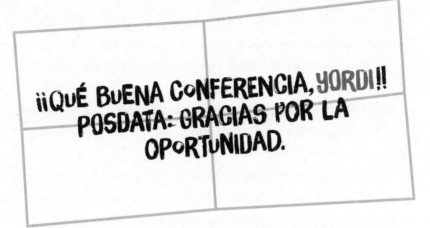

¿Qué terrible, no? No me daba cuenta de todo lo bueno que estaba sucediendo y sólo me fijaba en lo "malo" (según yo). Y sí, adivinaste, el problema no tenía nada que ver con el señor o la señora que no sonreían o asentían, el problema estaba en mí. Tenía que ver con la imagen que tenía de mí en ese momento.

AUTOESTIMA, ¿CUESTIÓN DE KÍNDER O MAESTRÍA?

Muchos adultos creemos que estamos más allá de lo que dizque sabe el jefe —"¿por qué él tiene el puesto, si yo hago toda su chamba?"— o más allá de los tips financieros que te da el compañerito godín que gana menos que tú, pero que jamás se le acaba la quincena como a ti —"¿qué va a saber él de finanzas personales?"

Eso mismo nos pasa con la autoestima, creemos que estamos mucho más allá de ella porque ya somos "adultos" y no nos damos cuenta de que en esta etapa de nuestras vidas nos afecta en muchas más cosas que cuando éramos niños.

Según Rodolfo Acosta Padrón y José Alonso Hernández, expertos en autoestima en la educación, los adultos son más renuentes al cambio, ya que tienen hábitos muy arraigados, de modo que suelen rechazar todo lo nuevo porque piensan que va en contra de su comportamiento ya definido. Además de esto, los adultos piensan que ya no pueden cambiar por su edad. Así que para combatir esto, necesitan liberarse de los hábitos negativos, de aquellos que atentan contra una actitud positiva en su vida profesional y personal, y saber que ¡claro que pueden cambiar! Este tema es muy importante para mí, porque como veremos a lo largo del libro, la autoestima es la base para que puedas alcanzar todo lo que quieras; para que puedas enfrentar cualquier situación complicada que se te presente; para extraer el potencial que tienes, y para descubrir que eres mucho más de lo que imaginas, en suma, para encontrar la felicidad que mereces. Tu valor, tus metas y tu paz interior dependen **absolutamente** de lo que piensas sobre ti. Así que te recomiendo que leas minuciosamente esta sección, porque te aseguro que ésta es una de las claves más importantes para salir adelante.

La autoestima es la confianza y el respeto que nos tenemos. Es el juicio que creas de ti, para salir adelante y resolver problemas.

¿Cuánto crees en ti?, ¿cuánto apostarías por ti (piénsalo en serio, si tuvieras cien pesos/dólares/euros, el tipo de cambio que quieras)?, ¿cuántos billetes apostarías por ti?

Escribe aquí tu apuesta:

¿Estás seguro de lo que contestaste? A ver, vamos a darle otra checadita.

- ¿Alguna vez te has sentido menos valioso o valiosa porque un ligue, pareja, *date* o de plano mascota (cada uno maneja sus relaciones de manera distinta), te ha dejado de hablar, de buscar, no te contesta los mensajes, te dejó en visto o prefiere estar con otra persona?
- ¿Te has sentido mal padre o mala madre cuando te comparas con otros?
- ¿Te has preocupado porque socialmente te han excluido de un grupo de personas, proyecto, viaje, fiesta, comida de negocios, comida corrida de fondita, junta o hasta porque te sacaron del grupo de WhatsApp (qué tal los que dicen: "No te sacamos del grupo de Whats, sólo hicimos otro sin ti", ¡ah, bueno!).
- ¿Físicamente hay algo que te molesta de ti? ¿Algo que te hace sentir incómoda o incómodo frente a los demás?
- ¿Has sentido que tu valor radica en qué estudios tienes, en cómo te vistes o en cuánto dinero tienes en comparación con otras personas?
- ¿Generalmente te sientes menos importante o inteligente que los demás?
- ¿Todo el tiempo estás viendo a otras mujeres u hombres más guapa(o)s que tú y eso te pega? O sea, has utilizado el famoso: "¡Maldita, está buenísima!"
- ¿Has rechazado o te has hecho de la vista gorda con algún proyecto que quieres hacer, pero que te da miedo por no dar el ancho?
- ¿Te has sentido menos porque todas tus amigas están casadas o tienen una pareja formal y tú ni dinero tienes para congelar óvulos?
- ¿No te sientes suficiente frente a las personas que quieres (padres, tíos, pareja, inclusive hijos)?

- ¿En las juntas de trabajo prefieres no hablar para no regarla?
- ¿Te has sentido celosa, porque presentaste a dos amigas que ahora resultaaaaa que se llevan mejor entre ellas que contigo?
- ¿Alguna vez has creído que tu valor depende de qué trabajo tienes, quién es tu pareja, quiénes son tus amigos, dónde has viajado, si tienes coche o no?
- ¿Alguna vez has pensado que un amigo, amiga o pareja te hace el favor de estar contigo?

Y muuuuchos etcéteras que nos hacen dudar de nuestro valor real.

Si respondiste que sí a varias de estas preguntas, vuelve a pensar realmente en el número que anotaste arriba y di cuánto apostarías por ti.

Escribe otra vez tu apuesta, pero ahora sí la de verdad:

¿Cambió? Ahí tienes un punto de partida (no definitivo, pero sí inicial) de cuánto confías en ti.

Cuando escuchamos la palabra autoestima, a muchas personas les da flojera y piensan que es hablar como de una materia de kínder 1 y palitos 2, pero en realidad, como ya vimos, es algo mucho más profundo.

> **"SIEMPRE HABRÁ UNA PERSONA QUE DUDE DE TI, SÓLO ASEGÚRATE DE QUE ESA PERSONA NO SEAS TÚ."**

Según el doctor Nathaniel Branden, experto en el tema, tener una autoestima baja es sentirse inútil para la vida, equivocado y el problema es que no se refiere a sentirse equivocado respecto a tal o cual asunto, sino como persona. ¡Auch!

La autoestima repercute en el equilibro emocional y en la personalidad de los individuos. ¡No lo olvides!

Una amiga me contó que cada vez que alguien le tira la onda, le dice un cumplido, le coquetea o la invita a salir (aunque sea sólo por un esquite a la esquina), lo primero que piensa es:

"¿Por qué me invita a mí, habiendo tantas mujeres?"

"¿Qué querrá realmente?"

"Seguro sólo quiere sexo y quiere que yo sea su *lunch*."

"¿Querrá sacarme dinero, como el último cuate con el que andaba?, yo le pagaba hasta las palomitas del cine."

"Ah, ya sé, seguro quiere que le comparta mis contactos para hacer negocios. Sí, claro, *All you need is... networking*."

Frente a tantas dudas, yo le decía a mi amiga: "¿Y por qué no pensar que le gustaste, que le pareces interesante, que quiere conocerte, que te ha visto desde hace unos meses, que le encantas y hasta hoy se atrevió?"

Me dio tristeza ver que una mujer linda como ella, pensara más en sus defectos que en sus cualidades. Cuando hablo de una mujer linda, no me refiero sólo a su imagen (no me vayan a malinterpretar), sino a lo que es.

Es cierto que a veces pensamos que lo físico es el parámetro más importante para vendernos, a veces nos comportamos como si fuéramos una dona esponjosita, cubierta de chocolate con chispas de colores, y la vida fuera un aparador gigantesco, donde todo mundo valora si nos vemos tan apetitosos como para querernos dar una mordida (¿será la dona el mejor tipo de pan para poner el ejemplo?, en fin).

Qué duro saber que muchas personas que viven esto, lo primero que se preguntan es "¿por qué yo?", en lugar de pensar "¿por qué no?". La autoestima es muy importante porque de todaaaaas las opiniones que expresan sobre nosotros jefes, papás, parejas, hijos, novias psicópatas —que no te permiten terminar la relación—, amigos, colegas, etcétera, ningún juicio es tan duro, tan crudo y tan crítico como el de uno.

La confianza en nosotros es importantísima. Si te ves como una persona que puede hacer cosas grandes, lo lograrás; pero si te visualizas como alguien incapaz, tu paso por el mundo será así: una existencia de intentos fallidos. 90 por ciento de nuestra vida, de lo que sucede en ella y de lo que obtenemos, está controlado por el inconsciente. Por eso es tan importante conocer tu mente, porque ella es la que prácticamente domina tu día a día.

El ser humano nace con consciente e inconsciente. El consciente lo tenemos muy presente porque ahí se procesa la información cotidiana, se analiza, se organiza, se juzga; ahí es donde te enojas con la amiga porque compró el mismo vestido que tú; ahí es donde se toman decisiones, prácticamente, ahí está todo lo que hacemos de manera consciente. Nuestro consciente (lóbulo frontal) se desarrolla al cien por ciento en algún momento de la adolescencia y está en constante movimiento todo el día, como ruedita de hámster, dando miles de vueltas; hasta que nos dormimos y, una vez que nos despertamos, vuelve a arrancar.

Por su parte, el inconsciente (también llamado subconsciente, en algunas corrientes de la psicología) es la parte de nuestro cerebro no analítica, donde se alojan las cosas que están fuera del conocimiento de la persona. Cuando nacemos ya está completamente desarrollada, pero se va conformando de sentimientos, experiencias y recuerdos. El inconsciente va creyendo todo, porque **no tiene filtros** (¡qué miedo!), no conoce la diferencia entre lo que es cierto y lo que es falso, por eso es tan importante la información que recibimos (que nos "programa") cuando somos niños.

Si en la infancia te decían que no eras bueno para algo, que nunca ibas a hacer dinero o que eras pésimo deportista, tu inconsciente lo creyó y —peor aún— esa información todavía está ahí hasta el día de hoy, es tu freno de mano (y de pies y brazos, y de todo). Los comentarios, los abrazos, las sonrisas, las muecas, las desaprobaciones, los ojos de pistola, las lágrimas, los gritos o apapachos, son parte de lo que formó tu inconsciente. El problema es que si hubo experiencias negativas (algo que es muy probable), eso es lo que dirige tu vida en la actualidad.

Por eso tantas personas nos preguntamos: "¿Qué me pasa?" "¿Por qué actúo así?" "¿Por qué hago o dejo de hacer tal o cual cosa?", y muchos analizamos todas nuestras dudas muchos años después, ya sea en trabajo con un terapeuta o con un psicólogo, o bien en terapias de fondo de dolor, en grupos de doce pasos, en constelaciones, en fin, a cada persona le funcionan distintas terapias.

Lo cierto es que hay diferentes formas de hacerte consciente de lo que pasa y de trabajarlo, pero es un proceso largo. Por eso es tan, tan, tan importante lo que te dices, lo que piensas de ti, porque ya vienes cargando algo, o sea que ¿para qué echarle más fruta mala a la piñata? Tenemos que pensar cosas positivas de nosotros, empoderarnos, convencernos de nuestras capacidades, porque recuerda que el inconsciente no tiene filtro y creerá cualquier cosa que le digas, buena o mala.

ESCUELA DE AUTOESTIMA

¿Hay fórmulas para incrementar la autoestima?

No del todo, pero sí existe una guía que te ayudará a fortalecer esos puntos débiles que hacen que siempre "repruebes".

Lección 1

"La autoestima es el éxito de una persona dividido entre sus aspiraciones."

Una de las historias que más me gustan y son un claro ejemplo de la importancia de los pensamientos que gene-

ramos acerca de nosotros, es la del actor Arnold Schwarzenegger, sí, Terminator. Él nació en Austria a finales de
los años cuarenta, en una familia con recursos económicos muy limitados, su mamá era un ama de casa normal y
su papá, policía.

Uno de los grandes momentos de la familia fue cuando pudieron comprar un refrigerador. En pocas palabras,
eran una familia limitada, pero Arnold (¿qué tal?, ya hablo
de él como si fuera mi cuate del alma 😊), desde los catorce años deseaba ser el hombre más fuerte del mundo,
convertirse en actor de Hollywood y ser millonario.

Si consideramos la lejanía geográfica y las diferencias
económicas entre Estados Unidos y Austria, el lenguaje y el
acento tan marcado de Arnold, su rigidez para actuar y la
escasa posibilidad de sobresalir frente a todos los hombres
que buscaban ser el más fuerte del mundo, las metas del
austriaco no parecían ser muy fáciles de lograr que digamos.

Cuando empezó con la halterofilia, además de tener
el apoyo de un entrenador físico, diseñó un plan de vida
para conseguir todo lo que quería (sí, un plan de vida a
los catorce años), se dijo para sí, a su inconsciente, todo
lo que valía; se convenció de que era capaz de lograr
cualquier cosa que se propusiera y comenzó a pensar en
sus virtudes, más que en sus defectos, de hecho, tomó
clases de psicología para preparar a su mente para trabajar en sus metas.

Después de mucho entrenamiento y disciplina, a los
veinte años ganó el título de Mr. Universo, sí, fue considerado el hombre más fuerte del mundo, de hecho, lo
logró cinco veces en total. Este título fue su boleto a
Estados Unidos, tal y como lo había planeado. Una vez
en ese país siguió concursando y cosechando éxitos en
el deporte, luego se lanzó a buscar el estrellato. ¿Te ima-

ginas cómo fueron sus primeros *castings* para ingresar al mundo de la actuación y cómo fueron sus primeras líneas en inglés? ¡Imagínate! Obviamente, ya sabes en lo que concluyó su historia: se convirtió en uno de los actores más conocidos en Hollywood y, después de un rato, en millonario.

¿Qué fue? ¿Sus músculos, los entrenamientos, su carisma para actuar en inglés? No. Fue su mente, es decir, lo que él creía de sí, la confianza que tenía en lo que podía lograr.

Además de todos esos triunfos, decidió postularse para gobernador de California. Se olvidó de las pesas, de las películas, de todo lo que dominaba hasta entonces y se salió por completo de su zona de confort. En la contienda política no importaban los músculos, los títulos, sino la mente, la imagen interna, el alimento que había fortalecido su inconsciente, prácticamente la confianza que siempre había tenido en él. Y, una vez más, lo volvió a hacer. Sí, Terminator se convirtió en *gobernator* ¡dos veces! Sus creencias y la confianza le volvieron a callar la boca a toda la gente que dudó de él. De hecho, es el inmigrante que más lejos ha llegado en la política de Estados Unidos, desde el irlandés John G. Downey.

Un grupo de profesionales del Instituto Superior Pedagógico (ISP) de Pinar del Río, Cuba, demostró esto al medir la autoestima de dos grupos; en el primero, conformado por 250 estudiantes, los números arrojaron que aquellos con más alta autoestima (por encima de 80 por ciento) eran los que tenían los mejores resultados. El segundo grupo estaba integrado por diez profesionales de gran prestigio; todos tuvieron la autoestima por encima de los 80 puntos. En su caso, se pudo confirmar que **la autoestima actuaba como causa y efecto del progreso y**

del éxito. Es impresionante lo que puedes lograr cuando crees en ti, ¿no?

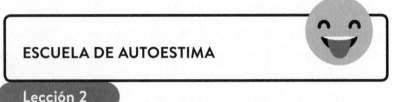

ESCUELA DE AUTOESTIMA

Lección 2

Fórmulas rápidas
+ **realista** + **crítica** + **proactiva** = + **autoestima**
+ **indecisa** + **sensible a la crítica** + **pesimista** = - **autoestima**

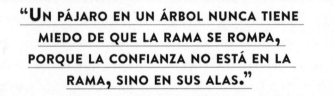

"**U**N PÁJARO EN UN ÁRBOL NUNCA TIENE
MIEDO DE QUE LA RAMA SE ROMPA,
PORQUE LA CONFIANZA NO ESTÁ EN LA
RAMA, SINO EN SUS ALAS."

Lo que tienes hoy en tu vida (bueno o malo) es un reflejo de tu inconsciente, de lo que piensas de ti, posteriormente, tu mente lo traduce en realidades. Por eso es tan, pero tan importante cultivar hábitos mentales sanos.

De seguro has escuchado la palabra *coach* (de vida, deportes, nutrición, de uñas decoradas, bueno, ya hay hasta *coach* de *coaches*). ¿Sabes que los primeros *coaches* fueron de tenis y de golf? Lo primero que hacían con sus deportistas era decirles que les vendarían los ojos y los llevarían ante su peor rival. Muchos pensaban que los pondrían frente a una foto del mejor golfista o el mejor tenista del mundo, pero cuando les destapaban los ojos lo que veían era su propia imagen reflejada en un espejo, para que vieran que ellos mismos eran el rival más fuerte que iban a enfrentar.

El juicio que tienes de ti es el que más pesa y la forma en que te sientes respecto a ti determina cómo te va en el trabajo, en el amor, en la familia y en el sexo (ahí nada más); o sea que la autoestima que tienes es la clave del éxito o del fracaso de tu vida. De modo que la forma en que otras personas te tratan es un espejo de cómo te tratas tú. ¿Ves por qué la autoestima es cosa de maestría?

ESCUELA DE AUTOESTIMA

Lección 3

La autoestima es como un sube y baja. Tanto los fracasos, como las experiencias negativas y el miedo pueden bajar la autoestima; mientras que los éxitos, las buenas relaciones y el amor pueden aumentarla, esto afirman Rodolfo Acosta Padrón y José Alonso Hernández, expertos en autoestima en la educación.

Y ya que estamos entrando al asunto de las relaciones, ¿te ha pasado que cuando no tienes pareja nadie te escribe, nadie te llama, nadie te pela? Es más, cuando llegas a tu casa ni tu perro te mueve la cola. En cambio, si tienes pareja (aun sin haber cambiado tu estatus de Facebook), todo el mundo te escribe, te chulean, te mandan mensajitos directos, te *guapean* ("guapear": acción de decirte en la mañana en la chamba o el gimnasio "¡uuuy qué guapo!"), en fin, hasta la empleada del Starbucks que escribe los nombres en los vasos te pone un corazoncito o una frase como: "Qué bonita sonrisa tienes." 😊

Eso sucede porque cuando no tienes pareja te sientes con la autoestima baja y poco seguro de ti, así que, reencarnas en transformer y te conviertes en alguien que no eres. Si conoces a la chava culta, finges ser el interesante y quieres diseccionar la novela *Cien años de soledad* en los cuatro minutos que coincidieron en el cuartito de las copias; si el que te gusta es deportista, le dices que amas los deportes y te inscribes al medio maratón, (cuando sabes que el aire no te alcanza ni para llegar a un octavo).

El asunto es que NO eres tú y la gente **obviamente** lo nota. Aunque no lo sepa y no te conozcan todavía, lo sienten, lo intuyen, porque tu energía es distinta, porque vibras bajo; es por eso por lo que te dan la vuelta (y no precisamente la vuelta que tú querías que te dieran). Simplemente, la conexión no ocurre.

Peeeero cuando ya tienes pareja, tu autoestima y tu seguridad suben, porque ya tienes a alguien y no requieres ser nadie más. Empiezas a ser tú mismo o tú misma, porque ya no necesitas cazar (¡perdón!, conocer a nadie), y de manera automática te conviertes en más atractivo o atractiva. No importa si eres extrovertido, callado, bailador, fumador, deportista, andrajoso, obsesivo con la limpieza o no te cambias los pantalones en tres días... no importa, el asunto es que eres tú, dejas ver tu verdadera esencia. Te vuelves extremadamente interesante o atractivo para los demás, porque eres auténtico, y conectas realmente con personas que les gusta tu forma de ser.

No olvides que, de acuerdo con la opinión de los estudiosos del tema, la autoestima repercute totalmente en el equilibro emocional y en la personalidad de la gente, por eso es importante que la ejercites.

> "QUERER SER OTRA PERSONA ES MALGASTAR LA PERSONA QUE ERES."
>
> •
>
> *Marilyn Monroe*

La terapeuta familiar Rosario Busquets afirma que la autoestima es como el piso de todo ser humano, es donde camina todos los días, es la estabilidad que tiene, define qué tan firme está frente a todos y frente a todo. Si ese piso tiene un bache y en lugar de repararlo, la persona pasa y pasa sobre él, por supuesto que ese bache se hará cada vez más hondo y costará más trabajo arreglarlo.

Por eso es básico darle mantenimiento a ese bache. El problema es que cuando se trata de la autoestima, no puedes hablarle al gobierno, alcaldía, delegación, condado o municipio para que te tapen el bache (en el supuesto caso de que algún día llegara a pasar), al contrario, el único que puede restaurarlo eres tú.

ESCUELA DE AUTOESTIMA

LECCIÓN 4

Para que te gradúes con una autoestima de diez, puedes seguir los consejos de la experta Marina Magaña Hernández, coordinadora de la Unidad de Salud para Jóvenes en el Hospital Provincial de Zaragoza, España, ella dice:

- Siéntete bien y seguro contigo.
- Identifica tus capacidades y festeja los resultados positivos que obtengas.
- Intenta establecer una relación amigable con los demás, sé empático, muestra disposición y ayuda a los otros.
- Intégrate a grupos sociales.
- Si es posible, emite críticas constructivas para ti y para los demás; si no te es posible, ¡mejor abstente!

DICE MI MAMÁ QUE ES CULPA DE MI PAPÁ, ¿O AL REVÉS?

Tengo una amiga que antes de que cumpliera cuatro años su papá se fue de casa. Un día cualquiera (que terminó siendo "ni tan cualquiera"), lo vio cargando sus maletas en el pasillo que daba a la puerta de la casa. Esa imagen fue dolorosa para ella, pero lo que jamás se imaginó fue que esa iba a ser la última vez que su papá pasaría por esa puerta.

Separarte o divorciarte es duro, pero todo se acomoda si lo haces bien. El problema con mi amiga es que su papá no sólo se divorció, sino que la abandonó. Primero, le llamaba por teléfono de vez en cuando; luego, ese "de vez en cuando" se volvió en "casi nunca" y terminó siendo una sola llamada el día de su cumpleaños. Sí, imagínate, una llamada al año o, incluso peor, un regalo súper impersonal que nada tenía que ver con los gustos de ella, y claro, ¿cómo puedes darle un regalo a alguien que prácticamente no conoces?

De ahí en adelante empezaron a aparecer todas esas situaciones que te matan sin dispararte: juntas en la escuela a las que su papá, por supuesto, jamás asistía; preguntas incómodas a medio recreo, "¿tú no tienes papá?"; momentos en los que veía a su mamá trabajando dobles turnos como loca para pagar los útiles y el súper de la casa; rentas vencidas; Días del padre sin festejarlo; manualidades en la escuela con palitos de paleta sin entregárselos; abrazos, besos, bendiciones y cosquillas que nunca se dieron, en fin, con decirte que mi amiga hoy tiene más de cuarenta años y no puede ni escuchar la primera nota de la canción "Hoy tengo que decirte papá" de *Timbiriche*.

Uno de los sentimientos más fuertes que deja un papá o una mamá ausente es este: "¿No fui lo suficiente para que quisiera estar conmigo?" Cuando, en realidad, la ausencia de un papá o la mamá, no tiene nada que ver contigo, sino con el papá o la mamá.

¿Crees que eso podría afectar la autoestima de una persona? Hasta la pregunta ofende, ¿estás de acuerdo? El problema es que esto no se limita a la etapa de la infancia, esto te afecta mucho más cuando eres adulto, hay muchas personas que siguen sufriendo la ausencia de uno de sus padres (si no fuiste tú, de seguro alguien cercano a ti lo está viviendo). No obstante, ésta es una de las muchísimas situaciones que pueden lastimar la autoestima de una persona.

De acuerdo con la psicóloga Olga Carmona, especialista en psicopatología de la infancia y la adolescencia, no hay una forma más destructiva de maltrato que la falta de amor hacia un niño por parte de sus padres, en especial, de la mamá, pues "no hay autoestima sin amor".

Quise empezar el tema con la ausencia de los padres porque es muy común, pero debes estar consciente de que hay muchas más situaciones relacionadas con el papá o la mamá que pueden influir en tu seguridad y, por lo tanto, en la autoestima.

Una de las principales son los comentarios y las acciones que ellos hagan respecto a ti; pueden ser contundentes, sencillos o casi casi imperceptibles, pero al final son los que moldean tu autoestima y tu ego. Para empezar, el ego es la personalidad que vamos construyendo y que generalmente nos limita en muchas cosas. O sea que casi nadie se salva.

Por ejemplo, tengo dos amigos, uno tiene un papá alcohólico y una mamá ausente, que vivió mucha violencia en casa (para que me entiendas, la canasta básica de la tiendita de los horrores); y otro es millonario, hijo de dos de las personas más disciplinadas y exitosas de México. Como ves, son el contraste total.

El primero tiene la autoestima baja por obvias razones y el segundo porque sus papás nunca estuvieron, sólo hablaban de logros y números, y le dieron tanto dinero que cuando fue adulto le daba miedo cualquier trabajo (incluyendo los de las empresas de su familia), porque decía que era un inútil, que nunca había aprendido a ganarse nada. Como ves, pase lo que pase, es difícil no salir lastimado de la vida.

Al platicar con la doctora María Estela Marroquín Reyes, miembro del Academy of Cognitive Therapy, me comentó que nuestra autoestima proviene de nuestra historia con nuestro entorno familiar —papá, mamá, hermanos, tíos, etcétera—, de todas esas personas importantes para nosotros cuando somos niños. El problema inicia cuando recibimos una crítica seria o ellos nos desaprueban; como ves, no es necesario que hayas tenido un papá ausente o una mamá con quince novios, el daño empieza con las cosas más básicas.

Por su parte, Tiberio Feliz, especialista en educación, dice que cuando los niños crecen obsesionados con lo que tienen que hacer y nunca se toma en cuenta lo que les gustaría hacer, se frena el afecto y los sentimientos, y al crecer se convierten en adultos con poca emotividad, que no saben impulsarse porque no han desarrollado intereses propios.

Hablemos claro: los papás suelen ser muy cariñosos con los hijos que los obedecen, que cumplen sus expectativas o que siguen sus creencias, o sea, el amor y la aceptación de tus papás depende en buena medida de qué tan bien haces las cosas para ellos.

Pero si eliges otro camino, uno distinto al que ellos te marcaron, comienzan las dificultades, pues tu autoestima se condiciona a tu desempeño; es decir, recibes afecto y cariño según la forma en cómo realizas las cosas y qué tanto esas situaciones cuadran con lo que ellos desean.

Ese tipo de conductas sólo te confunden y te motivan a pensar en preguntas como: ¿Quién soy? ¿Cuánto valgo? ¿Estoy bien o mal? Y a partir de eso vives buscando la aprobación de todooooo el mundo, porque al final de cuentas: todos anhelamos ser queridos y amados.

Es cierto que los papás quieren que seas inteligente, extrovertido, simpática, sociable, exitosa, trabajador, honesta, leal, bueno casi casi que seas el modelo perfecto de Adán o Eva (evidentemente, antes de probar la manzana). Por eso es difícil que los papás vean a la persona que realmente eres, porque sólo ven lo que quisieran ver de ti. Y, por si fuera poco, hay que sumar todas sus carencias que quieren que tú no tengas. Imagínate la cadenita desde tu bisabuela, abuela y madre; todo lo que cada generación quería mejor para su "retoño" recae en buena medida en ti.

LOS ERRORES MÁS COMUNES DE LOS PADRES

1 Exigir de más al niño de modo poco realista, sin considerar las capacidades y edad del pequeño.
2 Intolerancia a los errores.
3 No valorar el esfuerzo y los logros.
4 Minimizar las capacidades y los comportamientos.
5 Hacer comparaciones constantes.
6 Poner etiquetas.
7 No dejar hacer a los niños sus obligaciones.

Fuente: Ignacia Larrain, "8 errores de los padres que afectan la autoestima de los niños" (2014).

Cuando mi hermana y yo éramos chicos, en mi casa se formaron dos equipos, mi hermana era la súper consentida de mi papá #TeamRaulHeidi y yo era el consentido de mi mamá #TeamLuluYordi. Ellos eran introvertidos y observadores, les encantaba ir al mercado a comprar ingredientes para cocinar. En tanto, mi mamá y yo éramos extrovertidos, escandalosos, sociables, no sabíamos preparar ni cereal con leche y nos encantaba ir de *shopping* a los centros comerciales. Mi hermana cumplía muchas de las expectativas de mi papá (aunque no las de mi mamá) y viceversa. Esas diferencias afectaron mucho en la aceptación mutua.

Por ese cúmulo de acciones los hijos difícilmente somos aceptados y amados por ser quienes de verdad somos y como los papás tienen todas esas expectativas en nosotros, que no "necesariamente" (bueno, casi nunca) cumplimos, ellos empiezan a manipular, castigar, chantajear, controlar y muchas otras palabras que terminan en *ar* y que cuestan muchas horas de terapia y, por supuesto, de dinero.

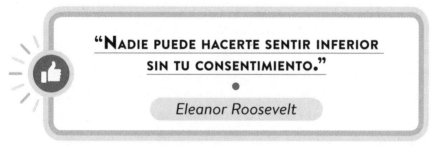

"Nadie puede hacerte sentir inferior sin tu consentimiento."

Eleanor Roosevelt

Tengo un amigo gay. Desde chicos fuimos muy cercanos, nuestros papás eran compadres y convivimos como hermanos toda nuestra infancia y gran parte de nuestra adolescencia. De niño jamás noté ni me importó su orientación sexual (hoy la celebro enormemente). El asunto es que su papá fue muy duro con él en ese aspecto. Llegamos a una edad en la que a la mayoría de los amigos les estaba cambiando la voz; su papá estaba muy enojado porque a él no se le estaba engrosando la voz como quería. En su desesperación decidió que le operaran las cuerdas vocales. En ese momento no nos dimos cuenta, pero se trató de algo horrible, castrante y, por supuesto, muy machista.

Lo recuerdo como si hubiera sucedido ayer: estábamos sentados en la sala de tele de su casa con una grabadora de casete, mientras él contaba con su voz aguda, 1, 2, 3, 4, 5... y ahí detuvimos la grabación, porque los siguientes números los grabaríamos después de que lo intervinieran.

Unas semanas después, volvimos a grabar con su nueva voz. Los primeros cinco números se escuchaban muy agudos y dulces, mientras que los siguientes, 6, 7, 8, 9, 10, se oían graves y secos, como de ultratumba, inclusive mucho más graves y roncos que los de los otros amigos que ya habían cambiado de voz. En ese momento nos resultó chistoso, pero a la distancia lo que su papá hizo con él me parece atroz y sobre todo muy denigrante.

Ésta es una señal de rechazo tremenda para un hijo, de hecho, a esta situación, siguieron muchas más en el mismo tenor y, como era de esperarse, la relación entre mi amigo y su papá se volvió muy distante, seca y dolorosa. Esto hizo que a mi amigo le costara mucho trabajo tener seguridad, autoestima alta y encontrar su lugar en el mundo. En la actualidad es un empresario y un profesional exitoso, y para lograrlo tuvo que lidiar con muchas cosas de su pasado.

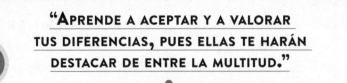

"**APRENDE A ACEPTAR Y A VALORAR TUS DIFERENCIAS, PUES ELLAS TE HARÁN DESTACAR DE ENTRE LA MULTITUD.**"

•

Ellen DeGeneres

Aunque el ejemplo de mi amigo trata el asunto del rechazo y la aceptación por una preferencia sexual distinta, en realidad, cualquier rechazo de los padres queda tatuado en el cuadro de emociones de los hijos.

El meollo del problema es que, a causa del rechazo, dejamos de confiar en nuestra esencia, guardamos nuestro verdadero yo en un cajón, disfrazamos nuestras emociones y usamos muchas máscaras para ser queridos.

Por lo general, los papás no lo hacen con mala intención ni mucho menos pensando en hacernos daño, ellos, *literalmente*, quieren lo mejor para nosotros (como frase de mamá); quieren darnos lo que les faltó, que nadie te moleste, que seas lo que no pudieron ser; les encantaría que no sufriéramos. Sin embargo, en la necesidad de conseguirlo, nos chocan de frente (¡y sin seguro!). No obstante, más que preocuparnos por esto, debemos ocuparnos, como decía Shakespeare, "el pasado es sólo un prólogo". El futuro depende de ti y sólo de ti.

Ahora bien, hay dos tipos de personas: las que se lamentan por todo lo que vivieron de niños y toman eso como pretexto y lastre para no avanzar (la verdad es que para algunos puede ser muy cómodo echarle la culpa a alguien más), y las que deciden tomar las riendas de su vida desde este momento. No eres responsable de lo que viviste, pero sí de lo que vas a hacer de ahora en adelante.

SECRETOS DE MÍ PARA MÍ

En ocasiones, tenemos una autoestima alta y nos sentimos muy bien, pero a veces las cosas están un poco escondidas y no sabemos por qué pasan, son esos secretos que no nos contamos ni a nosotros.

Cuando era adolescente (sí, sé que me sigo vistiendo como ellos, pero en algún momento juro que realmente lo fui), fui muy noviero. Tengo que aceptar que nunca tuve problema en acercarme a alguien y declararme, me acuerdo que dentro del grupo de amigos yo era el aventado, el que tenía pareja formal (como si a esa edad hubiera algo "formal"), el asunto es que el número de parejas que tuve fue directamente proporcional a la cantidad de peleas que tuvimos.

Sí, al principio todo parecía fantástico, pero luego de unos meses o tres fiestas de xv años (lo que sucediera primero), nos empezábamos a dar unos agarrones súper intensos, un día sí y el otro también. Eso se repitió durante mucho tiempo (y varias novias), al grado que en mis primeros años de adultez las cosas seguían igual o quizá peor.

No podía creer que después de tantos años las cosas no hubieran mejorado ni tantito, la pregunta básica que me hacía todo el tiempo era: "¿Por qué siempre me tocan chavas tan conflictivas?" #PobredeMi.

Este problema fue tema de una terapia psicológica que estaba tomando. La doctora Gómez (a quien recuerdo con mucho cariño y agradecimiento) me hizo una pregunta que marcó el inicio para entender mi situación:

—¿Por qué te peleas? Dame ejemplos claros de los problemas con cada una de las personas con las que has salido.

Cuando empecé a contárselos me moría de pena sólo de escucharme. Con Laura me peleaba mucho porque nunca me abrazaba. Mis problemas principales con Sofía eran porque le marcaba todo el día y ella lo hacía muy poco. Con Renata discutía todo el tiempo, porque trabajaba mucho y no tenía tiempo para vernos. Con Ana Paula me molestaba porque cuando íbamos a alguna reunión veía a muchas parejas tomadas de la mano y ella jamás me agarraba a mí, yo era el que tenía que hacerlo. ¿Qué patético suena, no?

—Te faltó amor.

—¿Cómo?

—Seguramente de chico te hizo falta amor y especialmente mucho contacto físico.

—¿De quién?

—De tu mamá.

Bueno, casi me le aviento de la tercera cuerda a la doctora (y eso que ya tenía sus sesenta años). Ya sabes que te pueden decir lo que sea, ¡¡¡pero que no se metan con tu mamacita linda!!! Mi mamá fue la persona más cariñosa, presente y cálida conmigo.

Al contestarle un rotundo **no**, me pidió que pensara, que hiciera memoria sobre cómo fue la situación cuando nací. Me fui a casa, platiqué con mi familia y me recordaron una historia que sabía, pero que tenía bastante bloqueada.

Cuando mi mamá estaba dando a luz, las cosas se complicaron mucho, al grado de que el médico salió del quirófano y le dijo a mi papá que sólo podía salvar a uno, ¿a quién escogía? A mi papá casi le da un infarto. Mandaron llamar a doctores de otros hospitales, mucha gente se involucró en el parto y al final, gracias a Dios, los dos sobrevivimos. Sin embargo, mi mamá quedó muy grave y tuvo que quedarse en el hospital como seis meses, antes de que la dieran de alta.

¿Te imaginas la importancia de que un bebé esté los primeros meses con su mamá para forjar su seguridad? ¿Amamantarlo, cuidarlo, acariciarlo, abrazarlo, sentirlo, hablarle? Mi papá viajaba mucho por su trabajo, sólo tenía una abuelita que me podía cuidar, o sea que, entre ellos dos, una guardería y muchos favores tuvieron que arreglárselas. No volví a ver a mi mamá hasta que cumplí seis meses.

Por supuesto, después de recordar esto entendí a la perfección la necesidad de contacto con mis parejas, entonces todo era muy lógico. Además, entendí una cosa mucho más importante: me di cuenta de que el problema no era de mis novias, era sólo mío. Yo era la única persona que podía trabajar en estas carencias y si no lo hacía, seguiría repitiendo lo mismo toda la vida.

Comprendí por qué mi autoestima había estado tan lastimada, lo que se reflejaba en las relaciones. Entendí que lo primero que tenía que hacer era aceptar la situación y, por supuesto, asumir que la única forma de mejorarla era trabajar en ella.

Me gusta mucho lo que propone Brian Tracy, *coach* y escritor de desarrollo humano, sobre el tema: "Una vez que hayas decidido aceptar la total responsabilidad de ti, de tu situación y de todo lo que te sucede, puedes pasar a ocuparte con confianza de tu trabajo y de los asuntos de tu vida. Te conviertes en dueño de tu mundo y en capitán de tu alma."

Como ves, hay muchas situaciones en la vida que pueden afectar nuestra seguridad, a veces son muy claras y otras veces están muy escondidas y quizá tengamos que rascarle o pedir ayuda a un profesional para saber qué nos afecta y cómo lo resolvemos. ¿Qué crees que te lastimó a ti?

La psicoterapeuta Eli Martínez, autora del libro *Crea una vida a tu medida*, ratifica que la identidad de una persona depende directamente de la aceptación y la validación de sus padres en los primeros años de su vida; así que nuestra autoestima está formada prácticamente por todas las creencias que tenemos de nosotros, de los demás y de la vida.

Al respecto, te tengo dos noticias, una buena y otra... buena (sí, no fue un error de impresión, son dos buenas). La primera es que, como he comentado, no todos los papás lastimaron la autoestima de sus hijos con sus expectativas, hay quienes los empoderaron y les ayudaron a formar una identidad muy sólida. Y la segunda es que, los que sí estamos un poco golpeadones por parte de nuestros papás (léase, sin querer queriendo) podemos poco a poco entender nuestras inseguridades, trabajar nuestra autoestima y aprender a confiar en nosotros, para darnos cuenta de que podemos salir de cualquier situación.

Tú no necesitas ser nadie más de quien eres, ninguna persona es más que tú ni que nadie, todos podemos ser lo que queramos, siendo simplemente quienes siempre fuimos. ¡¡¡Así que agárrate porque vamos con todo!!!

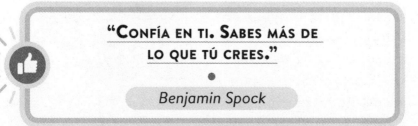

"CONFÍA EN TI. SABES MÁS DE LO QUE TÚ CREES."

•

Benjamin Spock

¿TENGO ALTA O BAJA AUTOESTIMA?

Esta pregunta no se puede contestar concretamente como otras: ¿Eres gordito o flaco?, ¿alto o *venti*?, ¿morena o blanca? La autoestima es un poco más compleja porque, como te platiqué, tiene que ver mucho con tu niñez y con el momento que estás viviendo.

En principio, para saber en donde estás, tienes que conocer los tres tipos de autoestima que existen:

1. Autoestima inflada

Las personas que se sienten más que los demás y hacen menos a todo mundo tienen este tipo de autoestima. Los conocemos como yo-yos, porque todo gira a su alrededor, alrededor de lo que quieren y de lo que necesitan. Cualquier cosa que necesites tú les da igual. Su objetivo principal en la vida es tener éxito y punto. El problema es que, aunque lo obtengan, no les basta para estar felices.

A cada momento compiten con todos y con todo. Son los típicos "uno más que tú": sin importar lo que les digas, continuamente tienen algo mejor, más grande o incluso una enfermedad peor que la tuya, pero siempre se sienten "más que tú". No escuchan a los demás ni son autocríticos. Normalmente no corrigen sus errores y se la pasan cul-

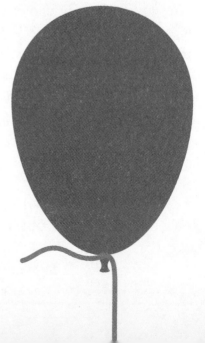

pando y menospreciando a todos los demás. De hecho, les cuesta mucho trabajo tener relaciones sanas.

Aunque se sienten y parece que son los mejores en todo, son personas muy inseguras, llenas de miedo, por lo que se protegen mostrándose como personas que obviamente no son. ¿Conoces a alguien así?

Según Maite Nicuesa, doctora en filosofía y experta en *coaching*, una persona con autoestima inflada sufre mucho porque siempre busca tener el control de todo, la razón en todas las discusiones, incluso siente personal las críticas emitidas, por mínimas e insignificantes que sean. Esas personas se esfuerzan en autovalorarse constantemente para estar por encima de los demás. Para que nos entendamos: este tipo de autoestima es tan frágil como un globo que se infla en exceso y al menor problema explota.

No soporto a las personas que tratan mal a alguien que les está prestando un servicio; por ejemplo, a la gente que le habla mal a un mesero, sólo porque ellos son los clientes; a las personas que sin ninguna razón les gritan, les llaman con la boca *shht*, *shht* (como si fueran qué o qué) o que los ridiculizan frente a una mesa sólo para lucirse y sentirse superiores. Lo peor de todo es que lo hacen sabiendo que los meseros están trabajando y no pueden contestarles ni defenderse porque podrían perder su chamba.

Mucho menos puedo con aquellos que hacen menos a otra persona por su color de piel, religión, estudios, nivel socioeconómico, nacionalidad, forma de hablar, etcétera, etcétera. Me molesta mucho cualquier situación que lastime la integridad de alguien. Las personas que etiquetan a otra solamente se están etiquetando.

Es muy importante que sepamos que nadie es más ni menos que nadie.

La autoestima inflada provoca cambios bruscos de humor y altibajos emocionales. ¡Aguas!

No es que todas las personas que traten mal a alguien o etiqueten a los demás tengan este tipo de autoestima, pero sí presentan algunas características de autoestima inflada y, además, la verdad, ¡me quise desahogar!

> **"Cuanto mayor es nuestra autoestima, mejor tratamos a los demás."**

2. Autoestima alta

Las personas con autoestima alta se aceptan como son y se valoran mucho. Se sienten satisfechas, contentas y felices con sus vidas. Normalmente, tienen mucha confianza, su valor hace que enfrenten los problemas de manera fácil y más positiva que los demás.

No se sienten superiores ni inferiores a nadie, no buscan probar su importancia comparándose con otros. De hecho, están muy contentos de ser quienes son (si estás pensando "ésa soy yo", muy bien por ti).

Creen mucho en ellos y son seguros, pero esto no los hace payasos ni arrogantes. Tienen la seguridad necesaria para no dejar que los problemas y las situaciones negativas los saquen de su centro y los desequilibren. Ojo, dentro de esta autoestima, también hay personas que se pueden desestabilizar de vez en cuando, o sea, que no viven siempre con esa seguridad. Esto les pasa cuando entran en competencia con alguien.

Este tipo de autoestima se puede pensar como la búsqueda del equilibro. Para la doctora Maite Nicuesa, las personas con autoestima alta están conscientes de sus fortalezas y sus debilidades, buscan su desarrollo personal y su crecimiento interior, sin culpas ni juicios negativos en su contra.

Si tú eres una persona con autoestima alta, sabes muy bien de lo que estoy hablando, pero si no, es posible que conozcas a alguien así. Son personas que llaman mucho la atención por su seguridad y tranquilidad, nunca ruegan por la atención de los demás ni menosprecian a nadie. Transmiten tanta paz y confianza, que de plano quisieras decirles: "Joven, me da kilo y medio de autoestima alta, por favor, para llevar." Pero la autoestima alta no se da de gratis, es como el orgasmo, "es de quien la trabaja".

3. Autoestima baja

Las personas cuya autoestima es baja son aquellas que no se valoran, no confían en sus características positivas y se sienten inseguras en casi casi cualquier situación. Tienen mucho miedo al fracaso y a no ser suficientes. Por lo general, la pasan muy mal y no son felices.

 TIP DE EXPERTO

La gente con baja autoestima, constantemente habla mal de los demás, ya que se siente tan insegura que, en lugar de trabajar por mejorar, hacen todo lo posible por bajar a los demás a su mismo terreno.

Las personas con baja autoestima tienen momentos de euforia, en los que todo va bien, pero cuando se presentan fallas, su autoestima se va al piso rapidísimo. Se trata de personas muy influenciables y muy sensibles. Para ellos es difícil defender sus opiniones, aunque su vida dependa de ello.

No obstante, hay personas con baja autoestima que no son tan inestables, que tienden a estar mejor por momentos, pero, aún así, su problema principal sigue siendo la indecisión, porque les da mucho miedo equivocarse, pues sienten que nunca están a la altura de la situación.

¿Qué tipo de autoestima tienes tú?

Yo te puedo decir que he tenido de las tres, quizá no todos los síntomas —como dicen los doctores—, pero sí he estado arriba y abajo. Me considero una persona con autoestima alta, pero también tuve momentos en que me he sentido en el piso y he pensado que todo lo que está saliendo mal es por mi culpa. Algunos estudios sobre la autoestima en la educación han comprobado que en los adultos la autoestima sube o baja de acuerdo con los factores esenciales para la vida como son la economía, el amor, el sexo, la amistad y la política.

Cuando empecé a escribir, me costó mucho trabajo, pero nada ha sido más difícil que cuando me enfrenté a las primeras (segundas, terceras y cuartas) críticas. Mis primeros libros tuvieron mucho éxito, por lo que esperaba que los periodistas dijeran: "¡Felicidades!, ¡muy bien!, ¡muy buen trabajo!", pero, ¿sabes qué fue lo primero que expresaron?: "¿Por qué Yordi Rosado? ¿Cómo puede ser que una persona que hace payasadas en la televisión escriba? ¿Y a ése quién le dijo que era escritor?" Bueno, si te cuento todas las cosas que me dijeron, se me acaba el capítulo y no terminamos nunca.

Si bien hubo comentarios muy buenos, hubo otros terribles. Yo hacía como que no pasaba nada, pero la verdad es que ese tipo de comentarios me dolían muchísimo.

La primera vez que fui a la Feria Internacional del Libro de Guadalajara (FIL) estaba vuelto loco de la emoción, no podía creer que después de cinco años trabajando había terminado mi libro, que el público lector lo había recibido tan bien y que yo estaba conociendo a tantos escritores que admiraba. Luego empezaron las entrevistas. Las primeras dos fueron muy buenas, pero la tercera fue distinta. El periodista me saludó, prendió su grabadora y me preguntó:

—¿Realmente te consideras escritor?

Casi se me salen los ojos cuando escuché la pregunta. Le contesté que llevaba tres años investigando y dos escribiendo, que me consideraba un autor y que la diferencia entre uno y otro consistía en que un escritor escribe novelas, poesía, etcétera, y los autores escribimos textos o libros informativos.

Por poco no me dejó terminar la respuesta y disparó la segunda pregunta:

—¿Tú crees que eres el nuevo García Márquez?

—¡Cómo crees!, yo jamás he dicho eso y mucho menos lo he pensado. ¡Cómo crees que me voy a comparar con un premio Nobel!

—¿Crees que a la Real Academia de Lengua Española le parezca correcto el lenguaje que usas en tu libro?

—Lo único que busco es que el lenguaje sea muy sencillo y muy amigable, para que sea más fácil entender los temas que nos interesan. Ese es mi estilo.

—¿Te parece correcto que alguien lea tu libro? ¿Crees que tu libro se vende sólo porque sales en la tele?

El periodista insistió en hacerme ese tipo de preguntas, más y más agresivas. Por su puesto que me fui prendiendo cada vez más, hasta que llegó un momento que no pude más y exploté:

—Apaga la grabadora. ¿Cuál es tu bronca? En serio. ¿Qué te pasa?

Casi casi le digo "nos vemos a la salida". Una vez que apagó la grabadora me dijo:

—Es muy raro que tu libro se venda tanto. ¿De cuándo a acá escribes?

—Pues de este libro a acá —le contesté.

Sin importar la respuesta, me siguió criticando sin haber leído el libro, era evidente que sólo había hojeado un par de páginas y nada más. Había juzgado el libro por su portada, además en la cubierta tenía mi cara. Le molestaba que el libro de alguien que hacía comedia en la tele estuviera funcionando. Casi nos damos un agarrón de lo prendidos que estábamos; después de hablar como hora y media nos relajamos y terminó siendo (supuestamente) mi gran "amigo".

El libro suscitó muchos comentarios buenos y grandes éxitos, pero hubo otra parte que atacó. Te confieso que, a causa de una agresión muy fuerte, me desesperé, tuve un bajón de autoestima y decidí dejar de escribir. Pensé: "Tengo mis conferencias y mis programas, ahí estoy en mi mundo y en mi territorio, ¿para qué me pongo en riesgo en este terreno tan distinto para mí?" Mi baja autoestima me estaba convenciendo de dejar de hacer algo que me apasionaba y que a mucha gente le gustaba y le servía.

En ese tiempo, el Departamento de Educación de la Casa Blanca en Estados Unidos nos había citado porque habían analizado minuciosamente el libro y decían que no había un material así en su país, querían hacer unos proyectos con ellos, además un gran número de escuelas en México los estaban integrando a su plan de estudios y la editorial lo iba a editar en otros países. Sin embargo, yo sólo pensaba en las críticas negativas, en lo que me hacía sentir menos y en lo que me hacía dudar de mí. Eso es lo que provoca la baja autoestima: dejas de confiar en ti. Independientemente de tener éxito o no, estaba confiando más en los demás que en mí. ¿Te ha pasado?

Ningún libro, proyecto, trabajo, negocio o matrimonio que tengamos tiene que ser un éxito para representar tu valor. Tu valor proviene de quien eres, de tus convicciones y de lo que sabes que eres.

A partir de algunos estudios recientes sobre la autoestima, se ha determinado que una autoestima elevada te ayuda a aprender con mejor dedicación, entusiasmo y esfuerzo, por lo tanto, los resultados serán sumamente positivos. Por el contrario, una persona con una autoestima por los suelos tendrá más problemas para aprender cosas nuevas y buscará actividades o temas que domine, que no le exijan un esfuerzo, donde pueda sentirse a gusto y sin pretenciones.

Es un hecho que nos cuesta trabajo, es un hecho que nos confundimos, pero si tocamos fondo o por lo menos sentimos que estamos volando bajo, debemos de recordar que nuestro valor no depende del ojo (ni de la pluma) de nadie más, depende sólo de ti.

Alguna vez leí que, si vives pendiente de lo que dicen los demás de ti, pierdes tu forma de ser, tu esencia, tu particularidad, prácticamente pierdes tu autenticidad, pierdes lo que te hace diferente a los demás. Si te igualas con todos, vas a hacer lo mismo que todos. Una persona que está demasiado pendiente de la opinión de los demás pierde tiempo y enfoque para llegar a su objetivo.

Esa ocasión no lo pude manejar. Somos humanos y hay situaciones más difíciles que otras. Por fortuna, después de cierto tiempo, dejé de pensar en los demás y volví a confiar en la única persona que nunca me deja solo: en mí, y seis libros después aquí sigo frente a mi computadora Estoy seguro de que tú puedes hacer lo mismo. No hay nadie que sea más confiable y más leal contigo, que tú, así que, agárrate de ti.

¿LA VIDA ES BELLA O UNA PESADILLA EN LA CALLE DEL INFIERNO?

Hay muchos detallitos, focos rojos y fuentes de baja autoestima, pero cómo saber si somos víctimas de esos "detallitos", si no los conocemos, ¿estás de acuerdo? A veces pensamos que lo que vivimos es normal y no necesariamente es así.

Empecemos con algunas de las características principales de la baja autoestima, para que no pienses que vives en *La vida es bella*, cuando en realidad tu domicilio está ubicado en *Pesadilla en la calle del infierno*, interior 1.

1 Baja (muy baja o bajísima) autoestima
Te juzgas con severidad
Es cuando te sientes desgraciado frente a todos los demás. Todo el tiempo te juzgas y te comparas con los demás. Te haces un millón de preguntas sobre ti y no paras; ya sabes, de esas veces que ves a alguien con algo mejor que lo tuyo. Aquí aplica perfecto la frase: "Veo el pasto del vecino de enfrente, más verde", sólo que no lo ves más verde, sino lo ves con mejor abono, mejor cortado, más fino y hasta con mejor composta que el tuyo (o sea, hasta que se pudra mejor que el tuyo te duele).

Hay muchas mujeres que lo primero que hacen cuando ven a otra que les parece más guapa o feliz es pensar o decir cosas como:

"Ay, pero ¿qué le pasa? Está guapísima y yo con estas ojeras parezco mapache desvelado. ¿Cómo es posible que ya hizo yoga, ya dejó hijos y ya viene arreglada y peinada?"

"¿Por qué se ve tan joven, si es más grande que yo, y además fumaaaa?"

"¿Por qué se ve tan feliz, si tiene tres hijos y lleva veinte años con el esposo?"

"No, esto no puede ser."

"¿Qué onda con ese cuerpo? Está buenísima, ve nada más esa cinturita, y ese trasero, *aaaash* y las piernas, *aaaah* no y además las bubis bonitas y firmes, y yo con este cuerpo de perro parado. ¡Ay maldita!"

Es normal que las mujeres se comparen con otras, porque es parte de su vanidad femenina, pero cuando se comparan con toooooodas las que se les atraviesan: en la ropa, la altura, el cuerpo, los ojos, los labios, los dientes, la uña (versión decorada o sin decorar), los dedos de los pies (versión con juanetes o sin), hasta en quién tiene la ceja mejor tatuada y quién tiene más *followers* o *likes*… entonces las cosas no están tan bien.

Asimismo, es común ver a una persona guapa o reconocer sus características positivas, lo que no esta bien es compararte, angustiarte y sentirte menos que cada mujer que veas.

Además del físico, nos pegan muchas cosas, como el éxito, la inteligencia (a veces pensamos, "ay por qué dije eso, soy un idiota"), la posición económica, el puesto en el trabajo, la pareja (algunos parecen ser muy "felices", nótese que puse comillas), etcétera, etcétera, etcétera. En ocasiones, tus juicios personales son tan obsesivos y constantes que te conviertes en una preocupación para ti.

> **"AUTOESTIMA ES TRATARTE COMO SI FUERAS ALGUIEN A QUIEN QUIERES ENAMORAR."**

Me siento víctima... de mí

Con este tipo de autoestima sentimos que nos pasa todo, todo, todo (como decía Daniela Romo) y nada, nada, nada, nada, nada (como decían Rocío Durcal y Juan Gabriel) es nuestra culpa. Percibimos que todo es negativo, poco afortunado y la suerte (y el mundo) está en contra de nosotros. Sólo vemos lo malo o lo triste de las cosas, cuando te preguntan sobre tomar decisiones, siempre encontramos el cómo NO, en lugar del cómo SI.

Algunas frases típicas son:

> "Siempre me tocan los peores jefes."
> "No creo que eso se pueda."
> "Esta es la única mujer que se fijó en mí."
> "Uy, eso va estar muy difícil."
> "Para ser del país, ahí la llevo."
> "A mí nunca me escogen para nada."
> "Se hace lo que se puede."
> "¿Por qué siempre a mí?"
> "Aquí sobreviviendo."

No enfrentamos ni encaramos nada, no aceptamos ninguna responsabilidad y nos conmiseramos con nosotros, o sea, sentimos misericordia de nosotros, algo así como "pobrecito o pobrecita de mí".

Nunca vas a lograr lo que quieres

Tienes muy claro que nada de lo que sueñes o desees lo vas a lograr. Por un lado, sabes lo que te gustaría, pero, por el otro, también crees que es dificilísimo y mucho más para una persona como tú. Los sueños son sueños guajiros, son precisamente para eso: para soñar, pero *obvio* no para cumplirse (sino, ¿qué sueñas después?). Tienes la idea de que las personas que logran sus objetivos son personas especiales que tienen mucha suerte, mucho talento, mucho ángel, en fin, mucho de "algo" que no te tocó a ti.

Mucha dependencia de las normas y los códigos sociales

Cuando tenemos baja autoestima, nos preocupamos mucho por cómo nos ven y nos perciben los demás; nuestra forma de hablar, la apariencia física, la moda, las cosas materiales, los modales, el sentirte inculto frente a algo o alguien, en fin, todas las reglas sociales que pueden hacernos sentir menos que los demás.

Ya sabes, de esas veces que te da miedo ir a un lugar o a una reunión porque no sabes ni qué ponerte y te peleas hora y media con el espejo (si pierdes la pelea, de plano no vas); o cuando estás en una reunión donde están hablando de política, de finanzas, de cultura o de algo que no tienes la menor idea y nada más dices: "Sí, claro" (mientras por dentro le estás rogando a la virgencita, a san Judas Tadeo y hasta a Jesús Malverde, que nadie te pregunte a ti), de hecho, si

te voltean a ver, le das tres cucharadas seguidas a tu crema de espárragos para que ni se les ocurra preguntarte.

Todo depende de algo exterior

En esta fase, no nos sentimos capaces de nada, creemos que no somos suficientes y todo depende del exterior. Sólo si nos ayudan, si nos echan la mano, si tenemos un contacto o una palanca, si tenemos la suerte de que algo ocurra a nuestro favor, las cosas van a funcionar, pero si nosotros mismos emprendemos la tarea, no hay forma de que funcione.

Hundirse todavía más

El título lo dice todo. Cuando tenemos muy baja autoestima, tendemos a sumergirnos en la tristeza (prácticamente a hacer bucitos en ella), o sea, no importa lo mal que estés, no sólo no se hace nada para mejorar, al contrario, se hace todo lo posible para empeorar.

Si te dejó tu pareja, te aíslas, te metes a tu cuarto a hibernar y a ver comedias románticas para sufrir por todo lo que los protagonistas tienen y tú, obviamente, no. Si prendes el radio, sintonizas Romance 106.9 para que todas las letras de las canciones románticas te peguen más fuerte que a un fan masoquista del Cruz Azul. Sea cual sea la situación, en lugar de buscar la manera de salir, te empeñas en encontrar la manera de empeorar. Te conviertes en los que tocan fondo... y siguen cavando.

Si después de todos estos "detallitos", te diste cuenta de que tienes baja autoestima, no te asustes ni te apenes. Como te he platicado a lo largo de este libro, esa seguridad que tienes hoy depende de muchos factores externos a ti y lo más importante es que puedes trabajarla.

Para Yadira Hernández, maestra en terapia familar, además de los juicios de los demás, sobre la autoestima influye la forma en que interpretamos esas experiencias positivas y negativas que vivimos. La autoestima baja se relaciona con una forma inadecuada de pensar acerca de nosotros. Las formas distorsionadas de pensarnos son pensamientos de devaluación que deterioran nuestra autoestima (así de fácil). Algunas de estas distorsiones pueden ser:

- **Sobregeneralización:** a partir de un hecho aislado se crea una regla universal, general, para cualquier situación y momento. Un pequeño error puede ser interpretado como "todo me sale mal". Un gesto de desaprobación de otra persona puede ser interpretado como "todo el mundo me tira mala onda".
- **Valoración global:** se utilizan términos despectivos para describirnos. Por ejemplo, si no tienes la habilidad para un determinado tipo de tareas, puede ser interpretado como "soy muy torpe" o "soy un fracasado", en lugar de decir "no se me da bien...".
- **Filtrado negativo:** nos fijamos únicamente en lo negativo de una situación y no nos damos cuenta de lo que puede tener de positivo.
- **Autoacusación:** uno se cree culpable de todo. "Yo tengo la culpa." "¡Ashhh como no me di cuenta!"
- **Lectura del pensamiento:** supones que no le interesas a los demás, que no les gustas, crees que piensan mal de ti, sin evidencia real de eso. Todas

las suposiciones se basan en cosas imprecisas y cero comprobables.

2 Fuentes de baja autoestima

A. Lo que te decían tus papás

Trata de recordar lo que te decían tus papás o las personas con las que creciste cuando eras chica o chico. Haz un esfuerzo e intenta regresar a la edad de tres a cinco años (cuando se conservan los primeros recuerdos que tenemos como personas).

Si tuviste papás muy preparados, pedagogos o simplemente muy positivos, posiblemente no hayas tenido problemas en ese aspecto, pero la mayoría no tuvo esa suerte y desde chiquitos escuchaban frases como:

- "Tú no sabes."
- "Déjalo que lo vas a romper."
- "No se te puede encargar nada."
- "Que lo haga mejor tu hermana."
- "No seas tonto."
- "No sabes hacer nada."

El problema es que estas frases se graban en tu disco duro (así seamos de usb de llaverito o de disco externo de quince terabytes). Aunque creas que ya se te olvidó y esos recuerdos ya no están en tu cabeza, en realidad están guardados en tu inconsciente, como lo vimos antes, y algunos años después, cuando menos te imaginas, estás en la oficina, en tu negocio, con tu grupo de amigas rescatadoras de perros, en la universidad, en el lugar donde trabajas, en la maestría o hasta en la junta de vecinos con el jefe de manzana presente (uf, qué presión) y preguntan: "¿Quién quiere encargarse de este proyecto?", y tú interiormente estás así de: "Yo, yo quiero, porfis, porfis, que nadie me lo gane", pero cuando alzas la mano, se abre tu archivo en automático (cual asqueroso virus de pc) y te acuerdas de las frases: "Tú no sabes", "no se te puede encargar nada", "que lo haga tu hermano", "lo vas a romper", y la bajas de inmediato.

Sí, te sientes poco confiado y terminas sin hacer nadaaaaaa, ¡¡¡imagínate!!! Todo por unas frases que tus papás te taladraron y te hicieron creer que no podías. Y como te decía hace casi siete páginas (perdón la tardanza, pero me regresé a contarlas), los papás no lo hacen a propósito, tienen tantos problemas y cosas que atender cuando están formando una familia, que no se percatan de esto.

Nuestros padres sabían tan poco de esto, que no pensaban que con cada palabra y cada frase que nos decían estaban forjando nuestra seguridad de adultos. Espero que ahora que lo sabes, tú tengas mucho cuidado con lo que le digas a tus hijos.

→ **TIP DE EXPERTO**

> **De los 0 a los 5 años el cerebro de un niño tiene el mayor potencial y retentiva que tendrá en su existencia. Generará sinapsis (es decir, la conexión entre neuronas para transmitir información) a un ritmo más rápido que cualquier momento de su vida. Así que ten mucho cuidado con lo que le digas. Lo negativo sobre ellos lo creerán y afortunadamente lo positivo también.**

Herramientas para fortalecer la autoestima de tus hijos
La psicoterapeuta Lidia García Asensi sugiere unas medidas para trabajar la buena autoestima en los hijos y crear así un mejor ambiente en la familia; aquí te comparto algunas:

- Dar **autonomía y responsabilidad en función de la edad**. Por ejemplo, que se vista solo, que haga su cama o que ayude a poner la mesa.

- Tomarlo en cuenta en **decisiones** que correspondan con su edad, así como pasar **tiempo de calidad** y exclusivo con ellos.

- Ante los errores que cometa es importante **buscar soluciones juntos** y enseñarle de qué otra manera puede realizar las cosas. Los gritos y las amenazas no enseñan, sólo generan miedo y mucha desconfianza.

- **No emplear juicios de valor** y etiquetar con frases del tipo "eres tonto". Estas frases dañan la autoestima y generan sentimientos de poca valía.

- **Poner normas y límites** genera mucha seguridad y tranquilidad en el niño. Esto le va a permitir saber hasta dónde se puede llegar, lo que implica un manejo de la frustración, que está relacionada con la propia autoestima. No es más que aceptar los errores propios y entender que hay necesidades o deseos que no podemos satisfacer.

- **Valorar todo el proceso que realizó** y no centrarnos únicamente en el resultado.
- **Validar las emociones** es *basiquísimo*. Lo que para un adulto puede no significar nada, para el niño puede ser muy importante. Quitarle importancia generará en él el sentimiento de que sus necesidades no son importantes.
- **La sobreprotección es la principal fuente de inseguridad** en el niño. Nuestro deber como padres es cuidar a nuestros hijos, pero hay un límite, no podemos estar en alerta constante, ya que esto hace que el niño crea que el mundo es peligroso.

B. **Lo que te hacen sentir los demás**

En cualquier lugar donde tengamos contacto con otras personas, kínder, prepri, pre-first, clases de natación, Boy Scouts, clases de robótica, ballet, parkour o yoga, hasta las reuniones de "negocios" en los *table dances* (ahora restaurantes con meseras sexys), despedidas de soltera, la convención de la oficina en la playa (más descontrolada que *spring break* en el Carlos'n Charlie's), tés canasta (si es que aún existen), universidad, tupper party, oro party, botox party, reuniones de generaciones, psicoprofilácticos o simplemente la convivencia diaria de la oficina. En cualquier lado donde tenemos contacto con otras personas hay generadores de baja autoestima.

¿Te ha pasado que ves a tus compañeros / cuasi mejores amigos de la oficina platicando en el CCA (Centro de Control de Abastecimiento) o sea, a lado del garrafón de agua y la cafetera, y cuando llegas todos se quedan callados? ¿Qué piensas? No pensamos en que cambiaron de tema, se callaron para saludarte o terminaron lo que estaban hablando. Generalmente la mayoría se castiga creyendo: "Estaban hablando mal de mí."

De igual manera cuando no te invitan a una fiesta o te sacan de un plan, piensas: "¿Por qué?, si yo ya pagué lo de la cooperación de la reunión navideña de hace dos años, o será porque no cooperé con el pastel de Laurita, ah, ya sé, seguro se enojaron porque fui el segundo que se sacó la tanda."

Son situaciones cotidianas, pero a muchas personas esto les tambalea la seguridad y, por supuesto, su autoestima no puede depender de una invitación a tal o cual lado.

Te pondré un ejemplo muy gráfico. ¿Alguna vez has estado en una reunión donde se presenta un problema? El jefe pregunta si se les ocurre algo para resolverlo y tú piensas: "¿Y si hacemos una promoción de 2x1 y ponemos a una botarga de doctor gordo bailando afuera de las farmacias? No, no, qué idiotez, es lo más estúpido que he pensado." Y no dices nada. Pero, de repente, tu compañero de al lado toma la palabra: "¿Y si hacemos una promoción de 2x1 y ponemos a una botarga de doctor gordo bailando afuera de las farmacias?" Y el jefe grita: "Claro, ¡qué buena idea!, ¡eres un genio!" Y tú piensas: "Soy un imbécil (ojo Remi, lágrima tímida), yo lo pensé primero." Lo peor de todo es que aplican la idea y resulta todo un éxito.

Lejos de esta situación, regresemos un poco al tema... ¿recuerdas que te comenté que la autoestima es cuánto confías en ti? Pues, en casos como el del ejemplo, no confías y te preocupa más lo que piensen los demás de tu idea, que lo que tú creas en realidad. Por su puesto, a la persona que propuso su idea no le importa si es la mejor o la peor, simplemente confía en sus decisiones.

> **"PENSAR BIEN TE LLEVA A OBRAR BIEN;
> PENSAR DE MANERA DEFICIENTE TE LLEVA A
> ACTUAR MUY POR DEBAJO DE TU POTENCIAL.
> TU MENTE DIRIGE TU VIDA."**
>
> •
>
> *Tony Robbins*

Cuando cambiamos nuestra forma de pensar, también modificamos nuestra manera de actuar, lo cual e-vi-den-te-men-te nos da nuevos resultados. Si tus resultados siempre son negativos, ¡cambia a algo diferente! Estoy seguro de que tienes una gran posibilidad de que esta vez los resultados sean positivos.

Somos nuestros pensamientos. ¿Y tú qué eres?

Otro factor que afecta mucho la autoestima es el asunto de las parejas.

Un día, gracias a los reencuentros de Facebook (benditos para unos y malditos para muchos matrimonios), fui a tomar un café con una excompañera de la UIC, la universidad donde estudié. Me platicó que en nuestras épocas mozas de universitarios había un chavo por el que ella moría, que sabía todooo acerca de él: dónde vivía, qué coche tenía, con qué par de *jeans* se veía más rico (sí, esas fueron sus palabras), qué materias llevaba, bueno, hasta su matrícula de la UNAM. En cambio, ella creía que este cuate no sabía ni su nombre. Después de un tiempo, él la invitó a salir y ella no daba crédito, *obvio*.

La cena estuvo muy bien, la pasaron increíble, ella se dio cuenta de que él sabía más de lo que se imaginaba, de hecho, sí conocía su nombre y, para acabar pronto, gracias a esa cena los dos percibieron que tenían muchísima química.

Ella llegó a su casa vuelta loca de felicidad, de esas veces que estás tan contenta que casi casi estornudas *glitter* y sonríes solita (¿te ha pasado que sonríes sólo de pensar en alguien? Así nada más de acordarte, por supuesto, te ves como tonto, pero, eso sí, un tonto feliz). Bueno, pues eso le pasó: llegó emocionadísima a su casa, buscó la pijama más principesca que tenía (toda mujer tiene una pijama de chifón, gasa o ¿cómo se dice?, ¿cómo se dice?, ah, sí, ya me acordé, "vaporosa" (jajajaja, qué chistosa palabra, pero sí, así le dicen, "vaporosa"). Esa noche durmió casi casi con los brazos cruzados en el pecho y la boquita-trompita parada como esperando el beso de Bella Durmiente.

Al día siguiente despertó contentísima, emocionada, ilusionada. ¿Y el chavo? Jamás volvió a llamarla por teléfono, bueno, ni a mandar un sky (la gente de mi generación entenderá la referencia 😊). Sí, así de fea estuvo la situación, nunca le volvió a marcar ni a textear. Cuando la veía en la universidad, sólo la saludaba así de: "Quiubo." Mi amiga se quería morir.

—Debí ponerme esa blusa pegada con escote que tengo, ésa donde se me ven las bubis más grandes grandes, jugosas como toronjas, pero **nooooo**, me llevé esta blusa con la que se me ven como limones sin semilla –me dijo.

En nuestro reencuentro (varios años después), durante la conversación, ella me contó palabra por palabra aquella cena y me preguntó en qué se había equivocado.

¿Te das cuenta? Ella quería saber en qué se había equivocado. ¡Ella! O sea, se estaba echando la culpa solita. Sí, antes que pensar cualquier otra cosa, se estaba culpando ella misma, en lugar de pensar:

"Este chavo no se dio cuenta de qué simpática soy."

"Este hombre no se dio cuenta de qué inteligente soy."

"Este tipo no se dio cuenta de qué buena plática tengo."

"Simplemente, este cuate no se dio cuenta de qué nivel de mujer soy."

Eso es no confiar en ti, es tener muy poca seguridad en ti.

Puede ser que el tipo cambió de opinión, que se interesó por alguien más, que tenía novia y nunca se lo dijo, inclusive que la pasó muy bien, pero no quería nada más. Pero, de eso a pensar ¿qué hiciste mal tú? Eso sí está muy fuerte, porque es echarte la culpa antes que alguien lo haga.

Cuando escribí *Quiúbole con...* para mujeres, entrevisté a una chica que repasó palabra por palabra y movimiento tras movimiento que hizo en una cita, para comprender en qué la había regado, ¡imagínate! Desconfiaba de ella antes de pensar en cualquier otra opción.

Y de los hombres, qué te puedo decir, generalmente somos muy inseguros en el asunto del ligue, sólo que nos fijamos mucho en el asunto físico y material. A menos que tengamos una autoestima alta, pensamos cosas como:

"Seguro ya no quiso salir conmigo, porque su otro pretendiente tiene más dinero. Mira nada más el coche que tiene."

"Sí, claro, ve el cuerpo de gimnasio que tiene es güey, yo estoy todo ñango."

Jamás debemos pensar así. Todos, hombres y mujeres, contamos con características positivas, cualidades y elementos muy atractivos para los demás. Sí, todooooooooos. Sin embargo, no todas las personas están preparadas para verlos.

C. Dime qué ves y te diré quién soy

Pareciera que cuando uno es adulto el asunto del físico es prueba superada, pero todo lo contrario. Nunca falta el compañero de la oficina que siempre se hace el chistosito criticando el físico de los demás (como si él fuera una mezcla de Bradley Cooper, Tom Cruise y el príncipe Erick de la *Sirenita*), o la "amiga" que te mata con la mirada y te barre de los pies a la cabeza (son profesionales en identificar callos en zapato cerrado y exceso de grasa en chaparreras), en fin, siempre hay alguien que critica el físico de los demás (si no recuerdas a nadie que lo haga, posiblemente seas tú quien lo hace).

Y es que, por lo general, nada nos gusta: si estamos muy altos, muy chaparros, muy robustos, con el pelo lacio baba, pelo chino onda vello genital, flacos espiritifláuticos, gorditos pasados de tamales (por alguna razón a los mexicanos nos cuesta mucho trabajo decir la palabra gordo o gorda a alguien), con las piernas de charrito, con la nariz de alcanza queso, en fin, ofendemos con miles de comentarios porque físicamente nada nos parece bien. No importa si eres modelo de pasarela o la imagen del nuevo comercial de shampoo con sábila, la mayoría siente que hay algo (o mucho) que no le gusta de sí mismo.

Te puedo asegurar que en este momento hay alguien viéndose al espejo diciendo:

"Soy, soy, soy muy blanca, casi casi transparente, soy de las que se me ven los cables" (léase, mujer a la que se le transparentan las venas).

"Mmmmmmta, soy muy moreno #casiprieto. Lo que pasa es que de chiquito me llevaron muchas veces a la playa y nuncaaa me echaron bloqueador. Mi verdadero color es éste" (y enseñan media nalga, para ir viendo sus evoluciones de morenez, cual líneas de corteza de árbol).

Alguna vez leí que la modelo internacional Irina Shayk, considerada entre las veinte mujeres más bellas del mundo, había caído en depresión cuando era pareja del futbolista Cristiano Ronaldo, porque se sentía fea e insegura. Como ves, le pasa a todo el mundo.

Pareciera que el asunto del físico es un tema sencillo en la seguridad personal, pero todo lo contrario. Está comprobado que es uno de los principales generadores de baja autoestima en personas de cualquier edad y condición física. Piensa en esto: nadie tiene "defectos" físicos, porque cada persona es distinta, y eso es parte de la diversidad y de la naturaleza del ser humano.

La televisión, el cine, las redes y todos los medios digitales han creado (hemos creado) estereotipos y supuestos modelos de belleza humana, pero, si lo pensamos bien, en realidad eso no existe, tan no existe, que estas imposiciones han ido cambiando con el tiempo, por lo tanto, no es algo "natural", sino un artificio.

Todas las personas (con excepción de los gemelos idénticos) son distintas y cada una tiene tanto diferentes características físicas, como personalidades, todas con virtudes, cualidades o defectos, por lo que no hay ningún modelo perfecto y único de ser humano.

En un grupo de mexicanas entre 15 y 60 años se realizó una entrevista que medía qué tanto aceptaban su físico y qué tan a gusto estaban con su cuerpo. Los resultados son impactantes (aunque no sorprenden del todo): 70 por ciento ha comparado su cuerpo con el de otra persona, incluso ha deseado tenerlo. ¿Te imaginas?

Cada persona es distinta, y eso es parte de la diversidad y de la naturaleza del ser humano.

Una vez en una conferencia de sexualidad que di a un público de adolescentes, un chavo (muy seguro, por cierto), se levantó y me preguntó:

—¿De qué tamaño debe ser un pene?

—¿De qué tamaño debe ser un codo o una nariz o una mano? —le contesté.

Cada uno lo tiene de diferente tamaño y todos están bien, no hay uno mejor que otro, porque todos somos individuos, todos somos diferentes. La gente que tiene claro esta idea la usa a su favor.

Te cuento. Yo tenía un amigo que físicamente era una persona "normal", era chaparrito, tenía un poco de pancita, poco pelo, lo empezó a perder cuando salimos de la universidad, en resumen, no era un hombre que las mujeres llamaran guapo en sí. Sin embargo, su novia era una modelo muy guapa, con facciones muy finas, pelo negro, ojos azules gigantes, muy alta y con un cuerpo impresionante.

Seguro, lo primero que pensaste fue: ¿Él tenía mucho dinero?, ¿era productor de cine o empresario?, ¿ella estaba jugando una apuesta?, ¿es una película de Adam Sandler? No, simplemente él es un hombre seguro, decidido, lo cual hizo que ella valorara todos sus atributos y sus cualidades. Su novia también era una mujer muy segura e inteligente, que veía más allá del espejismo físico por el que muchos nos inclinamos.

En esa época, en la universidad, muchos cuestionaban esa relación y no se la explicaban. Yo te digo que en realidad no había nada que explicar, simplemente una persona segura hace que los demás vean todas las cualidades que posee, y eso es lo más seductor y atractivo que cualquier persona pueda tener.

Hoy, después de casi veinte años están casados, muy enamorados y tienen dos niños (y sí, ella sigue siendo una mujer muy atractiva).

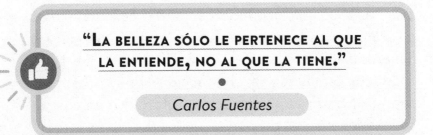

"LA BELLEZA SÓLO LE PERTENECE AL QUE LA ENTIENDE, NO AL QUE LA TIENE."

Carlos Fuentes

Estoy seguro de que conoces a varias parejas así. Y no es que uno haya embrujado al otro o que le haya dado toloache; simplemente, hay relaciones que trabajan su autoestima y ven mejor la de cada uno. Sin embargo, cualquier pareja o cualquier persona puede tener bajones de seguridad en cualquier momento, porque la autoestima es un motor que se va moviendo en la vida y también necesita combustible de calidad para funcionar adecuadamente.

A propósito de esto, la doctora Araceli Yáñez, experta en este tema, me dijo una frase que quiero compartir contigo: "Cuando sientes que algo está pasando en los demás, te está pasando a ti."

O sea, si sientes celos de tu pareja, si le checaste el celular, si te sientes culpable porque tu compañero de trabajo llegó enojado y no sabes qué le hiciste o te sientes menos en una conversación porque están hablando de algo que no tienes idea, el que está mal eres tú, no los demás. Punto.

La pregunta es por qué. Porque esa situación genera una inseguridad y una falta de confianza en ti. ¿Y se puede arreglar? ¡Claro que sí! Pero primero hay que aceptar las cosas como son.

1. Nadie es igual a otro, no existen los modelos.
2. Cada uno tiene diferentes atributos y cualidades.
3. Hay que aprender a aceptarse con lo bueno y con lo malo.

¿Y por qué? Porque cuando sientes que algo está pasando en los demás, te está pasando a ti.

Para que te des una idea, mira los datos que se han descubierto en diferentes países sobre la autoestima y el físico. Se reunió a un grupo de niñas y se les preguntó si estaban conformes con su aspecto físico. Veamos lo que dijeron:

En Brasil, 19 por ciento de las niñas se describió como "hermosa".

Asimismo, 50 por ciento dijo que sería más feliz si fuera más hermosa y casi la mitad de ellas aseguró sentirse más confiada cuando interactuaba con otros *online*.

En Rusia, 75 por ciento de las niñas dijo haber evitado actividades a causa de una baja confianza en su cuerpo.

En India, 63 por ciento de las niñas se preocupaban por su peso y 53 por ciento tenía intenciones de hacerse una cirugía plástica.

En Italia, 82 por ciento de las niñas dijo experimentar presión por ser bellas.

¿Ya viste que es una preocupación mundial?

¿CÓMO MEJORAR TU AUTOESTIMA?

Pocos asuntos me pueden parecer tan interesantes y útiles en la vida como éste. La autoestima es un tema con el que me fascina arrancar mis conferencias (inclusive mis pláticas con las personas que quiero), porque si la tienes medio golpeada, medio baja o hasta medio abollada, no hay manera de sentirte pleno ni de conseguir grandes cosas.

Todos sabemos cuál es el principio básico de un gran vendedor, ¿no? Por supuesto, creer **verdaderamente** en su producto. Para ejemplificar esto, hay un proverbio árabe que casi todos conocemos y que es muy cierto: "No hables mal de tu camello, si lo quieres vender." Y aplica perfecto para la autoestima, sólo que aquí el camello eres tú (no te ofendas) y todos los días te tienes que vender. No hay manera de que los demás crean en ti, si tú no crees en ti.

Muchas de las cosas que sientes que faltan en tu vida, o que no has logrado o que no te han funcionado, dependen de cómo está tu autoestima. Por eso es mi tema favorito. Equilibrar tu autoestima es poner las bases para que puedas mejorar en cualquier aspecto que te propongas.

Los grandes pensadores hablan de que la gente se convierte en lo que piensa de sí misma. Si cree que es grande, logra cosas impresionantes, pero si piensa que es poca cosa, suele batallar con todo y difícilmente cumple sus propósitos.

David Henry Thoreau, filósofo y uno de los padres de la literatura estadounidense, afirmó algo que hemos comentado en el libro y que me parece muy cierto: "Nuestros pensamientos gobiernan nuestra vida. Lo que una persona cree de sí misma influye poderosamente, para bien y para mal, en lo que logra y en lo que alcanza."

Una vez más recuerda que **somos nuestros pensamientos.**

Me acuerdo mucho de cuando presenté un proyecto para hacer la publicidad y la mercadotecnia de las nuevas películas de cine mexicano. Quería organizar la alfombra roja para las *premieres*, el *merchandising* (los productos promocionales con las imágenes de las películas) y varias dinámicas con los actores. Era la época cuando se estrenaron las películas *Como agua para chocolate*, *Dos crímenes* y *El callejón de los milagros*. Llevé a los Estudios Churubusco una presentación con bases muy bien hechas y con todo lo necesario para que funcionara, pero ¿qué crees? No aceptaron mi propuesta.

En realidad, la estrategia era muy buena, pero en ese tiempo no creía en mí, me sentía muy joven, tenía veintiún años y sentía que no iba a poder con el paquete. Años después, llegó otra persona con más confianza e hizo todo eso y más. De hecho, puso todas las bases de la mercadotecnia que vemos en los estrenos el día de hoy.

Tres años después de eso, organicé unos eventos muy grandes en la playa de Ixtapa, con conciertos para estudiantes de muchas preparatorias de la Ciudad de México, algo así como un Spring Break *chilanguesco* que tuvo éxito y creció muchísimo.

Un día pensé: "Sería increíble que este evento lo comprara MTV (el canal de videos de EU)", pero en ese entonces el canal no tenía nada en México. Mis amigos me dijeron que estaba loco, que era algo imposible. Todos veíamos a MTV como un dios gringo inalcanzable. Me sentía muy seguro al respecto, así que marqué a las oficinas en Estados Unidos y después de muchos intentos me dieron una cita.

Fui a Miami solo con mi soledad. Una noche antes me la pasé en una papelería de 24 horas, llamada Kynkos, terminando e imprimiendo la presentación. Renté un coche, así que dos horas antes estaba afuera de las oficinas, porque me daba pavor perderme y llegar tarde.

Cuando entré a la sala de juntas mi preocupación principal no eran las copias de Kynkos, sino que la junta sería completamente en inglés y yo no hablaba muy bien que digamos. No recuerdo cómo se los expliqué, ni cuánto me emocioné, ni qué tanto dije (porque, de hecho, creo que inventé dos o tres palabras en inglés, en serio, las palabras que no supe cómo se decían, las inventé), pero me compraron el proyecto y fue la primera vez que MTV organizó un evento en México. La única diferencia fue que esa vez mi autoestima estaba mejor que nunca y confiaba ciegamente en mí y en el evento. ¡La autoestima fue la clave!

Una vez más: **somos nuestros pensamientos.**

"**No** dejes que lo que **NO** puedes hacer te impida lo que **SÍ** puedes hacer."

·

John Wooden

Como ves, la autoestima de una persona sube y baja mucho, se mueve todo el tiempo, pero no te preocupes, te tengo una graaaan noticia: eso es algo completamente sano (quizá pensaste, "ah, entonces estoy sanísimo").

La autoestima se mueve por los elementos externos que tiene tu vida, por el momento en el que están pasando tus emociones y por todos los traumas o "momentos poco agradables" que vienes cargando (algo así como la rueda de san Miguel, sólo que en lugar de caja de miel, todos cargan su caja de hiel).

Según el doctor Christophe André, experto en autoestima y médico por más de quince años en el hospital Sainte-Anne de París, los altibajos de seguridad son muy útiles en nuestra vida porque nos ayudan a saber:

- El éxito o el fracaso de nuestros esfuerzos.
- Nuestro propio nivel de aceptación.
- Los problemas de rechazo social y personal.

¡Auch!

Lo importante de todo es que partir de este conocimiento podemos aprender a aceptarnos y a regularnos o, como decía mi abuelita, a medirle el agua a los camotes. Pues sólo te puedes curar de algo que conoces y sabes que tienes, ¿estás de acuerdo?

Así que cuando tengas un bajón de autoestima, celébralo, grítalo, casi casi mándate a hacer un pastel de *fondant* que diga "¡FELIZ 15º BAJÓN DE AUTOESTIMA!", porque ese bajón es una señal para saber qué cosas puedes mejorar. Prácticamente, es tu termómetro personal.

> **"EL PESIMISTA SE QUEJA DEL VIENTO; EL OPTIMISTA ESPERA QUE CAMBIE; EL REALISTA AJUSTA LAS VELAS."**
>
> ·
>
> *William George Ward*

Aceptación, aceptación y aceptación

Ah, y aceptación. Es la llave de llaves. La aceptación personal es lo más importante para mejorar tu autoestima. Aceptarte es ir a la segura, es como si salieras a jugar un partido de futbol con Messi y Cristiano Ronaldo de delanteros y tu contrincante fuera un equipo de futbol llanero (donde cuatro jugadores no llegaron y los otros siete están crudos). No hay forma de perder.

En el día a día, es muy normal que alguna persona, situación o, incluso tú, te hagan sentir mal. Y nuestra cabecita se va directo a pensar cosas como:

> "No lo voy a lograr."
>
> "Ella es mucho mejor que yo."
>
> "No soy nada bueno en eso."
>
> "Soy una inútil."
>
> "Estoy harto de ser así."
>
> "No hago nada bien."

Lamentablemente, ese tipo de pensamientos hacen que nos llenemos de pena hacia nosotros, enojo, tristeza y muchísimas emociones negativas.

¡Imagínate qué feo que los sentimientos que te definan sean la vergüenza y el no sentirte suficiente para nada!

Una vez presenté una conferencia motivacional para el personal de un *call center*, había ochocientos telefonistas que marcaban todos los días para hacer cobros de tarjetas de crédito. Sí, esos *diablillos* mañaneros que te llaman el sábado a las 6 a.m. y que quieres matar con tu escasa fuerza matutina. Esas personas desempeñan un trabajo que les piden (los responsables son los bancos) y te puedes imaginar la cantidad de groserías y mentadas que reciben diario.

Los dueños del *call center* me dijeron: "Necesitamos que nos ayudes con su seguridad, porque están muy tristes." ¿Pues cómo no?, imagínate la cantidad de cosas negativas que reciben todos los días y los pensamientos que les generan.

La bronca es que cuando nos sentimos así de apachurrados, por estos pensamientos reaccionamos en automático con alguna de estas dos formas:

1 Tratamos olvidarnos de esos pensamientos, cancelándolos o distrayéndonos. Esto, la verdad, no

funciona mucho, porque se te olvidan por un ratito y después regresan más fuertes, como si los pensamientos se fueran al gimnasio y regresaran con todo y esteroides. Hay personas con mejor autoestima que no tienen este regreso tan agresivo, pero se quedan muy sensibles emocionalmente y eso les pega en la autoestima.

2 Les damos miles de vueltas en la cabeza a estos pensamientos. Los psicólogos lo llaman "rumiar", yo le digo "cuando la loca de la azotea se despierta", y es cuando piensas un millón de veces lo que te dijeron, lo que sientes y lo multiplicas por mil. Todo el tiempo estás pensando: "Y si esto, y si el otro..." De esas veces que te metes a bañar y llevas veinticinco minutos bajo el chorro de agua pensando y no te has puesto ni el shampoo, algo así como haber metido a tu ardilla de la cabeza a correr un Ironman.

La realidad es que ninguna de estas dos opciones funciona, sólo son puertas falsas de escape. Lo único que funciona es aceptarte. En principio, hacerlo no es tan fácil, porque te enfrenta a ti y eso duele, pero es la única forma de salir adelante y de sentir felicidad y tranquilidad después.

Nathaniel Branden en su libro *How to Raise Your Self-esteem* (*¿Cómo mejorar tu autoestima?*), propone que hay que dejarse de evaluar sobre lo bueno y lo malo de uno, lo importante es conocerse y aceptarse como eres. Es decir, la única forma real, real, real para avanzar es aceptar quien eres.

Ojo, algo importantísimo es que no debes hacer juicios sobre ti. No se trata de tirarte mala onda, sino de identificar qué cosas haces normalmente y cómo reaccionas. Una vez que te das cuenta de la situación, es el momento ideal para cambiar.

"TE HAS CRITICADO AÑOS Y AÑOS Y NO HA FUNCIONADO. AHORA TRATA DE APROBARTE Y MIRA QUÉ OCURRE."

Louise L. Hay

Cuando aceptamos lo que sentimos y lo que somos de verdad, hacemos una radiografía de nosotros y entonces sí podemos estar completamente conscientes de lo que tenemos que hacer y lo que tenemos que decidir para MEJORAR.

Cuando hagas tu radiografía, encefalografía o, si quieres, hasta ultrasonido, no tiene que gustarte necesariamente. Sólo tienes que aceptarlo. Hay muchas cosas que no me gustan de mí, pero eso soy. Eso es aceptar la realidad.

Por alguna razón tenemos el chip de que no debemos equivocarnos, no sé quiénes nos metieron esa idea en la cabeza, no sé si fueron nuestros papás, los maestros de primaria, la sociedad, las redes sociales donde supuestamente todo es "perfecto" o todas las anteriores, pero la realidad no es así y todos lo sabemos. Todas las personas nos equivocamos, somos humanos, ni robots ni hojas de Excel. Es normal y natural tener errores.

Bill Clinton tuvo sexo con Monica Lewinsky y declaró a nivel nacional que era mentira. Más tarde, un vestido azul de ella lo desmintió. La Malinche terminó con Hernán Cortés en la cama (o quizá el petate), prácticamente hizo la primera versión de la película *Durmiendo con el enemigo*.

El expresidente de México, Enrique Peña Nieto, nos enseñó que cinco minutos son menos que uno. Y otro expresidente, Vicente Fox, preocupado por lograr la igualdad de género en su administración, dijo que las mujeres eran lavadoras de dos patas.

El Coque Muñiz olvidó el Himno Nacional en vivo al inicio de una pelea de box —aclaración: no fue la misma donde Mike Tyson le mordió la oreja a Evander Holyfield y le voló un cacho; y, por cierto, se ganaron millones en orejitas de chocolate que se vendieron de *souvenirs*.

Bill Gates, el fundador de Microsoft, presentó el nuevo Windows 98, diseñado para funcionar a la perfección y, en medio de la presentación, la pantalla se congeló en color azul. Pedrito Sola, presentador del programa de espectáculos *Ventaneando*, anunció al aire mayonesa *McCormick*, en lugar de mayonesa *Hellmann's* que fue la marca que pagó la mención en televisión nacional.

Yo no pude repartir cinco puntos a tres habitantes en el confesionario de Big Brother, por lo que hice, posiblemente, uno de los ridículos más grandes de la televisión en México y de la matemática exponencial de kínder 2 (sí, ése fui yo). Como ves, todos nos equivocamos (y algunos lo hacemos a nivel nacional); sin embargo, nos da mucha pena aceptarlo, cuando es completamente natural.

¿Sabes cuál es la diferencia entre la gente que mejora y la que jamás lo hace? Aceptar sus errores, porque sólo así se puede mejorar. Si quieres llegar a tu meta, tienes que estar en constante superación, si no, no hay forma de lograrlo.

Por eso es muy importante que sepas que si alguien opina tal o cual cosa de ti, no significa que valgas más o menos que nadie, significa que estás haciendo algo distinto a los demás. Tu valía no puede depender de lo que opine o critique alguien más.

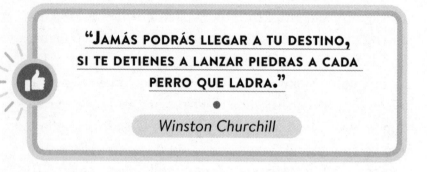

"JAMÁS PODRÁS LLEGAR A TU DESTINO, SI TE DETIENES A LANZAR PIEDRAS A CADA PERRO QUE LADRA."

Winston Churchill

Si alguien te deja, mejor dicho: si alguien decide no estar contigo, si te corren del trabajo, si tus hijos están enojados contigo o si tu mejor amiga no quiere volverte a ver, nada de eso define tu valor.

Para que no te cueste trabajo aceptarlo, piensa en ti. Sencillamente, por tu **dignidad esencial de persona**, no puedes permitir que lo que haga o diga alguien más sea tu referencia. Tú valor no depende de otro, ni debe afectarse por lo que alguien piense u opine de ti. Vales por tu esencia.

Date un minuto para pensar.

¿En qué pones tu valor?, ¿en las experiencias de vida?, ¿en tus logros profesionales?, ¿en lo que te hicieron creer en la familia, en la escuela o en algún trabajo?, ¿en tu pareja?, ¿en qué?

No olvides que darle tu seguridad a algo o a alguien es darles lo más importante que tienes. Tú tienes un valor, sólo es tuyo y nadie te lo puede quitar.

Tres pasos para aceptarte:

1 **Sé consciente.** Cuando te enojas, cuando contestas mal a alguien, cuando te duele un fracaso, cuando te cambiaron por alguien, acéptalo, no lo evadas, no lo bloquees ni lo justifiques. Simplemente es así. Concientizarte te hace crecer.

2 **Admite.** Aprende a reconocer que las cosas no suceden como quieres. Acéptalas como son, porque de cualquier manera no se pueden controlar.

3 **Quédate en el presente.** No dramatices ni exageres las cosas, no te claves en el "pobrecita o pobrecito" de mí. Eso sólo te pierde y te hunde más, es algo así como juntar el hambre con las ganas de comer. Mejor, piensa en cuidarte y no lastimarte.

Te comparto un ejercicio que puede funcionarte mucho. Primero párate frente a un espejo y di lo siguiente:
Esa imagen en el espejo soy yo y me acepto. No lo niego. Por alguna razón, soy o siento esto. No es ni bueno ni malo, es lo que hay. Además, si sé lo que hay, puedo entender lo que puedo y lo que no puedo cambiar.

Cuando aceptas la realidad, independientemente de que la puedas cambiar o no, tu vida se vuelve más armoniosa y más tranquila, y tus emociones (esas que te dan lata a cada rato) se tranquilizan, por lo que adquirirás más confianza y respeto a hacia a ti. Este es el momento donde tu autoestima sube. Pero tampoco pienses que es magia, la autoestima subirá en la medida que modifiques la mayoría de los aspectos de tu vida.

La doctora María Estela Marroquín sostiene que es muy importante que primero cheques todos los aspectos positivos que tienes. Muchas veces por los pensamientos negativos —como "tú no puedes", "no eres suficiente"— o la constante comparación con los demás, no te das cuenta de todo lo que **sí** tienes, de todo lo que **sí** eres y de todo lo que **sí** vales.

> **"FIJA TUS OJOS HACIA DELANTE EN LO QUE PUEDES HACER, NO HACIA ATRÁS EN LO QUE NO PUEDES CAMBIAR."**
>
> *Tom Clancy*

Un día que platicaba sobre esto con un amigo me dijo:

—Es que yo en realidad no tengo cualidades, no nací con estrella.

¡Bueno, casi le estrello otra cosa!

—¡¡¡Cómo crees!!! —le contesté—. Claro que tienes cualidades y cosas muy positivas. Todos las tenemos, no hay una sola persona en el planeta que no tenga características a su favor.

Lo que pasa es que cuando nos concentramos tanto en las malas, es muy difícil ver las buenas. Es como cuando vas a un festival del Día de las Madres de preprimaria. Todos están bailando parejito, cual obra de Broadway, pero si uno se pone a llorar (siempre hay uno que llora desconsolado a moco tendido), dejas de verlos y te clavas en el chiquitín que ya ni respira del ataque de pánico.

Todoooooos tenemos cualidades positivas. Sólo hay una diferencia. Las personas que admiramos y que vemos como un ejemplo, han decidido enfocarse en eso, en lo positivo y no en sus cosas negativas.

Bill Gates siempre fue considerado un nerd. ¿Se deprimió por eso? No, al contrario, usó a su favor todo lo matado, estudioso y clavado que era, y hoy no sólo es uno de los hombres más ricos del mundo, sino una leyenda. Una de las frases que alguna vez dijo a unos niños es: "Sé amable con los nerds. Es muy posible que termines trabajando para uno de ellos." Bill Gates decidió aprovechar todas sus cualidades y no preocuparse por sus supuestos defectos.

Tú también haz lo mismo: enfócate en tu luz, no en tu sombra.

Vamos a hacer un ejercicio que te lo dejará más claro.

Haz una lista de tus cualidades, escribe por lo menos quince cosas positivas y fortalezas, y 30 cosas que no te gustan de ti.

Cualidades	Situaciones Negativas
★ Soy buen amigo	No soy sociable
★ Soy muy trabajadora	Soy impuntual
★ Tengo muy buena memoria	Soy distraída
★ Soy muy leal	

Ahora escribe tus éxitos y logros frente a tus fracasos y miedos, no importan lo pequeños o grandes que sean.

Éxitos y logros	Fracasos y miedos
★ Encargado del proyecto en la oficina ★ Inventé una aplicación exitosa ★ Trabajé para pagarme la prepa ★ Hice una maestría	☹ Miedo a hablar en público ☹ Generalmente no soy constante ☹ Me han corrido de dos trabajos

Todo eso que escribiste eres tú, eres el conjunto de todas esas características. No hay que ser perfecto para ser querible, ni mucho menos hacer todo bien para que te acepten.

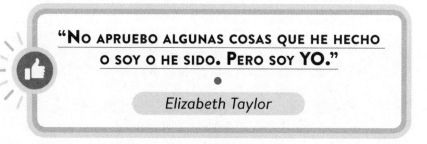

"NO APRUEBO ALGUNAS COSAS QUE HE HECHO O SOY O HE SIDO. PERO SOY YO."

•

Elizabeth Taylor

Albert Ellis, psicoterapeuta cognitivo, considerado el segundo médico más influyente de la historia, propuso que todos los seres humanos fallamos. Sí, todooooos. Todos tenemos un cuadro como el que llenaste arriba, uno de los errores más frecuentes es valorarnos en sólo una área de nuestra vida, lo que complica todo.

No puedes sostener toda tu vida en un único aspecto; imagínate si basas tu valor en el aspecto físico o en el sueldo que percibes, o en si tienes hijos o no, o en si tu negocio funciona o no, o en tus miedos y debilidades. Es terrible, porque si una de esas cosas no funciona, el mundo se te acaba y te vas para abajo. Es como querer usar una mesa que nada más tiene una pata buena y las otras tres están rotas, y lo peor de todo es que en esa mesa tienes que apoyar cosas muy pesadas.

Piensa esto: la gente que basa su autoestima en un aspecto o en la aceptación de los demás, es muy vulnerable ante todo y ante todos. ¿Cuántas patas sostienen tu mesa?

No dejes que nadie te diga quién eres
Te tengo dos malas noticias. La primera es que hay muchas personas que nos dicen cosas negativas sobre nosotros. Y la segunda (y peor) es que **se las creemos.**

No obstante, te pueden decir mil cosas buenas y no las aceptamos:

"¡Qué buen proyecto entregaste!", "no creas, lo hicimos entre todos".

"¡Qué bonito está tu vestido!", "¿Sí?, lo compré en una barata".

Pero te dicen algo malo y se te clava como inyección de penicilina (de ésas que duele cada mililitro que entra en tu ser).

Ahora bien, hay gente que va por la vida diciendo cosas como:

"Tú jamás vas a ser gerente."

"¿Quién te dijo que podías ser buena mamá?"

"¿Bueno para los deportes? Cómo crees, si ya estás muy viejo."

"¿Poner tu propio negocio? Si no puedes ni llegar temprano a checar tarjeta."

"Ni te metas en ese proyecto, sólo lo vas a echar a perder."

Reflexiónalo bien: no es posible que una persona te diga algo así y te ponga a temblar internamente. No puede ser que dudes tanto de tus capacidades y que una sola frase de alguien te congele y te quedes así ¡¡¡por el resto de tu vida!!! Sí, créeme, hay muchas personas que jamás intentan algo porque alguien los hizo creer que no podrían hacerlo.

Cuando empezó *Otro rollo*, con Adal Ramones, un programa de televisión donde yo era co-conductor, me pasó algo que tiene que ver con esto. En sus primeras emisiones en México (porque el programa lo empezamos en Telecable Puebla), una de las ejecutivas más importantes y poderosas de la empresa vio los primeros capítulos y hubo algo que no le gustó: YO.

Yo tenía una sección llamada "El reportaje", donde salía a la calle para entrevistar a personas sobre un tema en específico y, posteriormente, llevaba a algunos invitados al foro para hacer una dinámica.

—El programa está perfecto, pero Yordi no funciona, no suma nada, es alguien que no funciona para conducir y, en lugar de ayudar, estorba en el programa —la ejecutiva expresó tajantemente.

Al ser productor del programa, con mis grandes amigos Lalo Suárez y Adal Ramones, me enteré detalladamente de cada palabra que ella dijo.

> Creer en ti aunque tropieces, te hará más exitoso y experimentado.

¿Te puedes imaginar cómo me sentí? Me quería morir. Por un lado, dudé si era real lo que decía, pero, por otro, estaba muy seguro de mi trabajo. Finalmente, decidimos hacernos tontos el mayor tiempo posible y no sacar la sección del aire. La ejecutiva nos volvió a comentar lo mismo y nosotros seguimos aplazando la decisión. Después de unos meses, el programa empezó a volverse más y más popular y la ejecutiva jamás volvió a comentar nada.

El programa duró doce años al aire, mi sección del reportaje, de diez minutos, pasó a ser una sección de una hora y se convirtió en una de las secciones con mayor raiting del programa, ¿Qué hubiera pasado si le hubiera creído a la ejecutiva?, ¿si hubiera creído más en ella que en mí?

Piensa, ¿en algún momento de tu vida te dijeron algo negativo y dejaste de hacer o de intentar algo por ese comentario? (tiempo para pensar..., ..., ...)

En serio, ¿ya lo pensaste?

Cuando una persona te dice que no puedes lograr algo, es el equivalente a que te pregunte "¿Me das las llaves de tu vida y de tu seguridad para decirte quien eres y (peor aún) quien vas a ser el resto de tu vida?", y ¿qué crees?, se las damos, ¡auch!

Cuando una persona te quiere lastimar con algún comentario, sólo hay una forma de que lo consiga, y es que le creas. Imagínate que hay una línea divisoria entre tú y esa persona. Si dice algo negativo acerca de ti, hay de dos:

Si lo ignoras y no le crees, no hay manera de que te lastime, te quedas atrás de la línea (ahora sí que "atrás de la raya que estoy trabajando").

Si le crees, cruzó la línea y estás de corazón abierto para que te lastime.

En definitiva, nadie puede decirte quién eres ni qué eres capaz de hacer, eso es algo que sólo tú puedes descubrir.

En este momento creo que viene a cuento la historia del maestro samurái y su discípulo.

—Si alguien llega hasta ti con un regalo y tú no lo aceptas, ¿a quién pertenece el obsequio? —preguntó el maestro samurái.

—A quien intentó entregarlo —respondió el alumno.

El samurái continuó:

—Así es. Lo mismo vale para la envidia, la rabia, los insultos y las desacreditaciones que puedan hacer de ti. Cuando no se aceptan, continúan perteneciendo a quien los lleva consigo.

Nadie te puede decir lo que puedes lograr, porque eso sólo depende de ti.

Hace años me sorprendió mucho que mi primo había corrido dos maratones casi seguidos.

—¿Cómo le hiciste? —le pregunté—. Son cuarenta y dos kilómetros, ¿es muchísimo, no?, ¿cuánto tiempo tuviste que entrenar?, ¿y, además, hacer dieta para lograr-lo? ¡Qué pesado! ¿Por qué lo hiciste?

—Porque una persona sólo se conoce al cien por cien-to cuando se lleva a su límite —me contestó.

En ese momento me quedé congelado. Pensé, "tiene razón, quiero llevarme a mi límite, quiero saber quién soy verdaderamente". Para ello busqué a un entrenador ese mismo día, quedé de acuerdo con él. Al otro día, estaba a las 5:15 a.m. en el sope (una pista para correr en el Bosque de Chapultepec), con un frío de la fregada, pero con to-das las ganas de conocerme como nunca lo había hecho.

Después de cinco meses de preparación (incluyendo dos que no tomé ni una cerveza *light*), corrí el maratón en Nueva Orleans (cuarenta y dos kilómetros con ciento noventa y cinco metros), con un tiempo de cuatro horas y veinticinco minutos. Nadie me dijo si iba a poder o no, eso es algo que tuve que descubrir por mi cuenta.

Hasta hoy que escribo estas líneas, he corrido dos ma-ratones y cuatro medios maratones. Todos me sirvieron para conocerme y saber que puedo hacer cualquier cosa que me proponga. Igual lo puedes hacer tú.

> Sólo tú puedes saber los alcances que tienes. Así que la próxima vez que alguien te diga que no puedes lograr algo, páralo en seco y dile: "Si apenas estoy conociendo quién soy y mis alcances, ya parece que le voy a hacer caso a una persona que no tiene ni la menor idea de quién soy. Ocúpate de ti, yo estoy trabajando en mí."

Tus defectos físicos

¡Hemos vivido engañados! Las personas no tenemos de-fectos, tenemos características, porque todos somos diferentes. Como había dicho antes, no hay modelos de seres humanos, cada uno es un modelo especial.

De seguro tienes alguna característica física que no te gusta, pero hay de dos: o te peleas con ella toda la vida, o aprendes a convivir con ella y a quererla, porque de cualquier manera siempre va a estar ahí.

Lo que eres, eres, y puede ser más benéfico de lo que imaginas.

¿Conoces a la cantante y actriz Barbra Streisand? (si eres *millennial* te imagino *googleándola*), bueno, pues resulta que cuando era chica, su mamá le dijo que jamás sería actriz por su peculiar nariz. Tenía de dos sopas: o deprimirse, creer eso y pelearse toda la vida con su nariz, o aceptarla como una de sus características y seguir adelante.

Optó por lo segundo. Ni siquiera se operó la nariz (por cierto, una cirugía muy común y sencilla). Actualmente es una de las actrices más reconocidas y admiradas del mundo; de hecho, su nariz es algo tan emblemático en ella, que la caracteriza.

Otro caso, el de Freddie Mercury, cantante del grupo *Queen*. ¿Te acuerdas de sus dientes grandes y desalineados? El nació con cuatro dientes de más que empujaban los de enfrente. Aceptó y entendió que se trataba de una parte muy particular de él, de hecho, en algún momento creyó que el espacio de sus dientes era fundamental para su tono de voz. Imagínate: una característica digna de burlas o molestias, terminó siendo algo que lo distinguiría y lo ayudaría en su carrera. Si lo piensas mejor, nadie es un modelo de nada, todos somos distintos.

Existen estudios que analizan qué tanto influye la imagen que tengamos de nuestro físico en nuestra autoestima. Al aplicar una prueba de "Aceptación de la figura corporal" a hombres y mujeres, los resultados son muy similares: las características que presentan más problema para ambos sexos son: el peso, la altura, pecho, espalda y abdomen. Mientras que nariz, ojos y orejas no son tan valorados.

¿Sabes qué me dice la gente que me conoció por mi trabajo en televisión o a través de las redes sociales, cuando me ve en persona por primera vez?

—¿Yordi?

—Sí

—Estás bien ¡chaparrooooo!

¿Les digo algo? Es cierto, son 1.68 cm de verdades. Eso mido y ya no voy a crecer más, ya pasé la época del calcio y de la fortileche, más bien estoy casi listo para entrarle al *Ensure* y cuidar que no me dé osteoporosis, así que no voy a crecer más, eso es un hecho, pero ése soy yo. Es una de mis características. Tengo de dos: me quejo de eso toda la vida y lo sufro, o lo acepto y lo disfruto.

Déjame contarte uno de los mejores caminos que he probado para subir la autoestima en cuanto al tema físico. Primero, identifica tus características y tus cualidades. En serio, piénsalas, hazlo sin pena y sin reservas. Ahora sí que, como dicen los maestros en los exámenes, "no te hagas tonto solito".

Quizá eres una persona con sobrepeso, que siempre has tratado de bajar esos kilitos de más, pero tu constitución o tu metabolismo no te ha dejado. Entonces, ser gordita es una de tus características. Después de ubicarla y tenerla más que aceptada, reconoce tus cualidades y piensa esto:

"Soy gordita **y también** soy una mujer líder."

"Soy un hombre que tuvo un problema de acné cuando fue adolescente y tengo la cara muy marcada, todo mundo lo va a notar, **y también** soy el mejor amigo, el amigo leal, derecho y presente que todo mundo quisiera tener, ése soy yo."

"Soy esa chica muy alta y muy muy muy flaca, **y también** soy esa persona tan eficiente y proactiva que todas las empresas se pelean por mí. Todas las oficinas de reclutamiento y *headhunting* siempre me persiguen para ofrecerme los mejores trabajos y los mejores sueldos."

Te voy a compartir una de las frases que más me gustan y de las que más me han ayudado en la vida: "La gente ve lo que tú quieres que vean de ti."

Si quieres que vean al de 1.68 cm, eso verán.

Si quieres que vean tus cualidades, eso van a ver.

La gente ve lo que tú quieres que vean de ti.

Todos tenemos un ejemplo de alguien que conocemos con un físico que llamaría la atención. Piensa en una persona de la oficina, de la universidad o de tu grupo de amigas o amigos.

Digamos que se llama Armando y tiene un sobrepeso muy avanzado. Es una persona muy blanca, casi albina, y tiene labio leporino. Eso sería algo físico que recordarías, ¿no? Pero cuando preguntan por él en la oficina, dicen cosas como:

—¿Conoces a Armando?

—Sí claro, organizó la última convención de la empresa, hizo unas actividades increíbles, trajo muchísimos patrocinadores y regalos para todos los departamentos. Supiste que consiguió gratis el concierto de Emmanuel.

—Es súper movido.

—¿Conoces a Armando?

—Sí claro, el día del temblor, a pesar de no ser de la brigada de seguridad, nos dio instrucciones y organizó a todos. Prácticamente ayudó a salir a todo nuestro departamento, inclusive cargó a Laura, la de recepción, porque entró en pánico y no podía caminar. Fue el último que salió del edificio. Tiene una calidad humana impresionante.

Nadie te va a decir:

—¿Conoces a Armando?

—Sí, es un cuate con sobrepeso, muy blanco, con un problema en el labio.

La gente ve lo que tú quieres que vean de ti. ¿Qué quieres que la gente vea de ti?

Perdónate

Finalmente, algo muy importante para mejorar tu autoestima es aprender a perdonarte: por no ser la persona que crees que deberías ser. Nadie tuvo que ser algo en específico, porque somos lo que somos por muchos elementos externos a nosotros.

El perdón es un proceso, se efectúa poco a poco. Perdonarte es comprender tu historia, es saber de dónde vienes, qué carencias tuviste en la vida, qué te enseñaron cuando eras niño, qué te dieron y que te faltó. ¿Cuál fue tu historia? Todo eso y muchas cosas más somos, así que no seas tan dura o tan duro contigo.

Llega a cualquier lugar orgulloso de la persona que eres; pregunta algo cuando no sepas o no conozcas de lo que están hablando; acepta un error cuando te equivoques sin poner pretextos ni excusas; recibe un cumplido cuando te lo merezcas, sin desacreditarte; aprende de tus derrotas y celebra tus triunfos; no te compares con nadie, porque nadie tiene la misma historia que tú y, finalmente, nunca olvides que tu valor no está en los logros o en los fracasos, tu valor está dentro de ti, en tu esencia.

Eres lo que eres y eso es más que suficiente para enfrentar cualquier situación, persona, relación. Y lo más importante: eres lo suficiente para ti.

La mejor fórmula para ser feliz

Quiero compartir contigo uno de los mejores regalos que he recibido en mi vida. Uno de mis grandes amigos, Mariano Osorio (sí, Mariano es muy Mariano, de la estación de radio Joya 93.7 FM), me presentó a Chayo Busquets, una de las psicólogas más preparadas que he conocido. Ella me compartió un gran concepto que estoy seguro de que te va a servir tanto como a mí:

La doctora Chayo me explicó que la vida es como una línea, donde del lado izquierdo está el malestar y del lado derecho la felicidad, la excitación, es decir, lo que genera emoción.

Todos queremos estar en el lado de lo que nos emociona y nos da felicidad, porque en un principio es muy excitante, pero si tomamos en cuenta la repetición se vuelve cotidiano, si realizas algo que te gusta o te emociona muy seguido, lo que antes te excitaba se vuelve habitual, ¡qué fuerte, no!, y lo peor de todo es que si lo excitante se convierte en algo normal, mueves tu línea de bienestar más adelante, por lo que necesitarás después algo mucho más emocionante para *supuestamente* "ser feliz" (y muchas veces ya no hay nada más emocionante).

P roblemas, malestares y duelos siempre habrá, el asunto de la vida es entender que no podemos vivir en ninguno de los extremos. Ni toda la vida será excitante ni toda la vida será malestar. El gran secreto de vivir feliz es aprender a transitar en medio, buscar nuestra línea de bienestar, exactamente, en el centro.

Aprender que habrá malestares y emociones, que el verdadero secreto es aprender a combinarlos y comprender que ésa es la vida. O sea, incorporar los malestares al día a día y no darles tanta importancia. Y cuando se vive un gran momento, saber que es uno de los extremos, disfrutarlo y gozarlo; estar conscientes de que ése no es el parámetro de todos los días, pues, si no, después cualquier experiencia se percibirá como negativa.

La doctora Chayo me enseñó que la persona feliz es la que aprende a estar bien, a vivir en esa parte intermedia, la que disfruta los grandes momentos pero, sobre todo, la que es feliz en los malestares. Espero que este aprendizaje te funcione tanto como me está funcionando a mí. Suerte.

SÍ SE PUEDE, LO QUE SEA, SÍ SE PUEDE

QUE TE VALGA LA ACTITUD

2

La actitud no funciona cuando no sabemos cómo hacer las cosas; cuando no tenemos las bases para empezar algo; cuando no nos hemos preparado; cuando queremos competir contra personas que saben lo que están haciendo y nosotros estamos improvisando. En ese caso, la actitud no sirve.

Mi buen amigo Helios Herrera, el conferencista experto en desarrollo humano y consultor empresarial, sostiene que lo primero que una persona o empresa debe hacer para tener éxito es **aprender y practicar**. Todos tenemos ganas de llegar de un punto A a un punto B, pero las ganas no alcanzan para lograrlo.

Tal vez deseas participar en un triatlón, pero si no sabes nadar o sólo andas en bici con llantitas, no hay manera hasta que aprendas. Puedes querer formar una Startup (en otras palabras, una empresa emergente basada en la tecnología para sus productos o servicios) o una fondita de comida corrida (en otras palabras, una empresa con alimentos en tres tiempos con arroz con huevo y agua de sabor), pero si no sabes cómo funciona el servicio de alimentos o no estás metido en el mundo digital, no tienes futuro.

Tal vez quieras viajar por todo el mundo, pero si no sabes comprar un boleto de avión o de camión, si no sabes cómo sacar tu pasaporte, no llegarás muy lejos. Puedes querer ser gerente de tu oficina, pero si no vas a los cursos extra, a los mantenimientos y a las actualizaciones, va a ser difícil que tus jefes te volteen a ver.

A lo mejor quieres poner un refugio para perros, pero si no sabes cómo hacer que los perros se acerquen a ti cuando los encuentras en la calle, te vas a quedar con muchísimas croquetas rancias. Quizá desees ser millonario, pero si sólo sabes cómo gastar dinero y no sabes cómo hacerlo, veo pocos ceros en tu cuenta de banco (de hecho, veo un solo cero).

En fin, no hay manera de ser bueno en algo si no sabes cómo hacerlo. Una vez que tienes las bases, que has aprendido el método, que sabes cómo se hacen las cosas, o sea, que tienes el *know how* (por si eres muy *millennial*, generación Z y *washa washa*), entonces es momento de: practicar, practicar...

Ah y practicar (si este último párrafo te recordó a tus clases de mecanografía con cubreteclados, somos de la misma generación).

Una vez que sabes cómo hacerlo, es importante practicar mucho más para que verdaderamente tomes experiencia, aprender de tus errores, generar pericia en lo que haces y hacerlo cada vez mejor.

> ## "LO MARAVILLOSO DE APRENDER ALGO ES QUE NADIE PUEDE ARREBATÁRNOSLO."
> •
> *B. B. King*

Me gusta mucho lo que dice Brian Tracy, *coach* de desarrollo personal, sobre esto: "La genialidad no es otra cosa que la práctica diaria. El éxito no se basa en hacer cosas extraordinarias, sino en hacer ciertas cosas repetidamente, una y otra vez y sin detenerse."

Y es cierto, la mayoría de las veces desistimos muy rápido de las cosas. Te mueres de envidia de toda la gente que ves musculosa y con abdomen de lavadero en las redes sociales y dices: "Yo voy a estar así." Los primeros días empiezas con todas las ganas, vas al gimnasio a dar todoooo y le preguntas al entrenador cuántos días necesitas hacer ejercicio para marcarte, "cinco", y tú dices, "yo prefiero venir seis o siete" (**obvio** que al día siguiente te duelen músculos que ni siquiera sabías que tenías). Vas muy bien la primera semana, pero la siguiente sólo vas tres días —lunes, miércoles y viernes— (para que descanse el músculo) y la tercera semana nada más dos, luego ya le andas preguntando al entrenador que cuántos días son los mínimos para marcar. Como te dije, desistimos muy rápido. Por eso no todo mundo tiene el cuerpo que quiere. La única diferencia entre tú y la persona con cuerpo marcado es que ella NO renunció.

> ## "PUEDES TENER RESULTADOS O PUEDES TENER EXCUSAS, PERO NUNCA AMBOS."

Los resultados son consecuencia de tus acciones y de tus aprendizajes. Si tienes un campo súper fértil, pero siembras unas semillas en mal estado o no sabes a qué profundidad van, o peor aún, cada cuánto se riegan o cómo evitar las plagas, no hay manera de que logres que crezca la planta que deseas.

Las personas que no saben esto están a millones de años luz de lograr algo; pueden echarle muchas ganas, estar súper emocionados, tener toda intensión de lograr algo, comprar todo el equipo de entrenamiento carísimo de París, pero se va a quedar en eso, en una intención, en pérdida de tiempo y, posiblemente, en pérdida de dinero.

¿Iniciaste o emprendiste algo que no ha funcionado?

¿Podría estar relacionado con esto?

¿Pudiste estar más preparada o preparado?

¿Has querido que te promuevan en tu trabajo y no sabes por qué no ha pasado?

¿Vas a iniciar algo nuevo y te funciona saber esto?

¡Pues ahora ya lo sabes! Una vez que tienes idea de cómo hacerlo y has practicado, ahora sí ¡¡¡es el momento de tener la mejor actitud!!! porque ésa será la diferencia entre los demás y tú.

APPLE, BETA, GAMA

Steve Jobs, fundador de Apple, dio un mensaje en la Universidad de Stanford donde les dijo a los graduados: "Si vives cada día como si fuera el último, algún día tendrás razón." Para él, ese día fue el 5 de octubre de 2011. Jobs se refería a hacer el mejor esfuerzo cada día, a aprender todo lo posible, a mejorar en todo momento y, especialmente, a disfrutar cada segundo de la existencia.

Él vivió así y con ello no sólo marcó una diferencia en la tecnología de la humanidad, sino en algo aún más importante, en competir y ganar la batalla a su rival más duro y complicado: él.

La versión beta de alguna aplicación, programa, *software*, videojuego (o lo que esté por inventarse) es una versión en prueba, o sea que sale a prueba para que la gente la conozca y sepa en qué se puede mejorar. Una vez que recaban esa información, los programadores realizan los cambios y constantemente están haciendo actualizaciones, para que siempre esté mejor y sea funcional.
Creo que todos los días debemos ser una versión beta de nosotros, ¿sabes por qué? Porque hay muchas personas compitiendo, muchas personas mejorando, muchas personas aprendiendo y (para qué nos hacemos) también muchas personas estorbando. ¡Auch!

En el momento en que dejes de mejorar, de aprender y de buscar más, dígase comúnmente "que te duermas en tus laureles", los demás te van a rebasar y lo van a hacer mejor que tú. Por eso, debes ser una versión en constante mejora.

Un ejercicio que funciona mucho para progresar es preguntarte cada noche antes de acostarte:

- ¿Soy una mejor persona que la que se levantó hoy de esta cama?
- ¿Hoy me equivoqué en algo que me dejó un aprendizaje?
- ¿Sé algo nuevo?
- ¿Mejoré en algo que ya sabía hacer?

Si respondiste a varias preguntas sí, ¡felicidadeeees!, estás en modo beta.

Actitud positiva

¿Sabes que está comprobado que para resolver un problema sólo influye 10 por ciento el problema en sí y 90 por ciento la actitud que tomes frente a la situación?

Síííí, no importa lo fuerte, complicado o irremediable que sea el problema, la manera de salir adelante es la actitud con la que lo enfrentes. No creas que te estoy mandando una honorable y respetuosa invitación al club de los optimistas, así de:

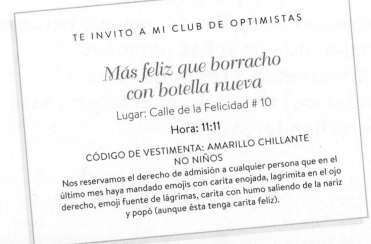

TE INVITO A MI CLUB DE OPTIMISTAS

Más feliz que borracho con botella nueva

Lugar: Calle de la Felicidad # 10

Hora: 11:11

CÓDIGO DE VESTIMENTA: AMARILLO CHILLANTE
NO NIÑOS

Nos reservamos el derecho de admisión a cualquier persona que en el último mes haya mandado emojis con carita enojada, lagrimita en el ojo derecho, emoji fuente de lágrimas, carita con humo saliendo de la nariz y popó (aunque ésta tenga carita feliz).

Cuando tienes actitud positiva ante un problema, encuentras muchos caminos para resolverlo o superarlo, te das cuenta de que hay vías alternas, pero cuando tu actitud es negativa, no lo resuelves, incluso lo puedes empeorar.

> **"NO ERES PRODUCTO DE TUS CIRCUNSTANCIAS, ERES PRODUCTO DE TU ACTITUD."**

Hagamos un ejercicio rápido. Pon las manos en tus ojos, como si fueran unos binoculares, y ve al frente. En este momento, ¿dónde estás leyendo el libro?, ¿en tu recámara?, ¿en el transporte público?, ¿en una playa?, ¿en un avión?, ¿en un cafecito?, ¿en tu oficina? (aguas con tu jefe, no te vaya a cachar...), estés donde estés, fíjate qué ves ante ti con las manos de esa manera, ¿qué cosas ves?, ¿hasta dónde?

Ahora, quita las manos y checa cómo cambia tu visión, ¿se abrió tu rango, verdad?, ¿estás viendo mucho más cosas que antes, no? Pues así es cuando tienes buena actitud ante un problema, ves cosas, ves soluciones y ves alternativas que no habías visto.

Imaginemos que eres contador público y te acaban de correr, andas *deprimidón*, pero es 15 de septiembre y en la casa de tu tía la Chiquis hacen un pozole que te muereees y, pues, obviamente vas. Una vez que llegas al bonito convivio, mientras platicas con un grupo de personas, alguien pregunta a qué se dedican y resulta que uno de ellos es el dueño de un despacho contable, sale que andas sin trabajo, él te comenta que necesita gente y te da su tarjeta para que le llames el lunes.

¡Perfecto!, ni mandado a hacer, ¿no? El lunes a mediodía sacas tu cartera para sacar la tarjeta y resulta que... ¡la perdiste! Sí, ¡la perdiste! Buscas y buscas en tu cartera, más intensamente que los del programa de televisión *Alerta Aeropuerto*, pero lo único que encuentras son cinco confetis, dos boletitos de las quesadillas (que no usaste) y tu licencia vencida desde hace seis años. A partir de este momento hay dos escenarios.

> **"JAMÁS ESPERES UN RESULTADO POSITIVO,
> TENIENDO UNA ACTITUD NEGATIVA."**

Actitud negativa: te lamentas, te enojas contigo, vuelves a revisar la cartera seis veces para ver si en la sexta búsqueda sale la tarjeta y te dice "perdón, estaba jugando a las escondidas, pero aquí estoy". Una vez que compruebas que no hay nada, le llamas a tu tía Chiquis para ver si no tiene el celular de esta persona, pero te dice que no, que ella no lo invitó y tú le das las gracias y cuelgas. Sigues sin trabajo. Fin de la historia.

Actitud positiva: una vez que te das cuenta de que no tienes la tarjeta, sin perder tiempo (para que no te vayan a ganar la chamba), le marcas a la tía Chiquis, cuando te dice que ella no lo invitó, le preguntas que con quién iba, "creo que con mi sobrino Pepe". Consigues el teléfono de Pepe, una vez que hablas con él, te dice que es parte de un grupo de amigos, pero que no tiene su teléfono, le preguntas si no sabe cómo se apellida para buscarlo en Facebook, pero Pepe no sabe. Le preguntas quién tendrá su teléfono y te dice que es amigo de Alejandra, que seguro ella lo tiene. Le escribes un Whats a Alejandra y ella te comparte su contacto. Sólo te envía el teléfono de su oficina, pero para ti está perfecto. Llamas, pero su secretaria te dice que está en un congreso y llega el lunes 15, tomas tu teléfono y te programas una alerta para que no olvides marcar el lunes 15. El famoso lunes vuelves a marcar y te dicen que está ocupado en una reunión, que te lo reportan, pasa todo el lunes y no te regresan la llamada. El martes vuelves a marcar, hablas con él y finalmente te da la cita.

Es muy clara la diferencia, ¿no?

Con una actitud negativa es muy difícil conseguir el trabajo, a tal grado que si te volvieras a encontrar a esta persona unos meses después, te diría:

—Nunca me llamaste.

—No, perdón, es que perdí tu tarjeta.

Ya era suficiente que no le llamaras para que se hiciera una imagen de cómo actúas frente las metas, pero cuando se entere de que no lo hiciste porque perdiste la tarjeta y no conseguiste el teléfono, aunque tenga una plaza disponible en ese momento y le urja con urgencia mayor, jamás te contrataría.

Sin embargo, en el otro escenario, cuando llegues a la cita y le platiques lo que hiciste para conseguir su teléfono, si estás calificado para el puesto que necesita, hay una gran posibilidad de que te contrate de inmediato. El asunto de la tarjeta se convertiría en una de tus mejores entrevistas, porque él pensará, "si eso hace para conseguir un teléfono perdido, imagínate lo que hará para lograr las metas en esta empresa". Tu actitud habla de ti.

Según un estudio del *American Journal of Epidemiology* realizado a 70 mil personas durante ocho años continuos, aquellos que tuvieron una actitud positiva ante la vida fueron mucho menos susceptibles de padecer enfermedades mortales, enfermedades pulmonares, cardiovasculares, cáncer y derrames cerebrales. ¡Qué impresionante!, ¿no? Hay un efecto biológico que genera este positivismo y se vincula con la reducción de la inflamación, los niveles saludables de las grasas en sangre y una mayor cantidad de antioxidantes, o sea, hasta te arrugas menos.

Cuando doy conferencias a estudiantes de ciencias de la comunicación, una de las preguntas que más me hacen es:

—¿Cómo escoges a alguien para trabajar contigo en los medios de comunicación o a alguien para darle un puesto importante?

—Muy fácil. Si tengo cinco personas que quieren el trabajo, les pido que me entreguen una idea desarrollada para un programa de radio, por ejemplo, un tema para el Día de las Madres.

Al primero no lo vuelvo a ver, le da flojera y ni siquiera se presenta. El segundo me cuenta todo un rollo gigantesco que vivió un día antes; generalmente, sus frases empiezan con "lo que pasa es que", "lo que sucedió fue que", "por lo que no pude traerlo, pero te prometo que mañana mismo lo tienes".

La tercera persona me entrega el proyecto en tiempo y forma como se lo pedí, y bien hecho. La cuarta persona me dice que desarrolló el tema del Día de la madre (el cual quedó muy bien), pero que también hizo el del Día del Padre, porque las fechas están muy cercanas y podría ofrecerse. Además, se le ocurrió un programa especial: "Las frases más famosas de las películas" y de una vez lo diseñó, y le quedó padrísimo. Me reenvía los links de las frases a mi teléfono.

Y el quinto entregó el tema, pero se queja porque se tardó tanto en hacerlo, que ya no llegó a la clase de natación y me pregunta que si siempre voy a pedir temas que le ocupen tanto tiempo.

¿A quién contratarías? Es muy obvio, ¿no? Al que no sólo hizo la chamba que pedí, sino que hizo mucho más, con la mejor actitud y sin quejarse. Veamos. El número tres, que entregó en tiempo y forma, sería la segunda opción, pero definitivamente contrataría a quien hizo más de lo que le había pedido y que mostró buena actitud.

En esa perspectiva el panorama es más claro, ¿verdad? No es ninguna ciencia. Así eligen todos lo jefes, gerentes, directores, CEOs, para contratar y promover al mejor. La actitud es importantísima. ¿Cuál de los cinco eres tú hoy en día?

El doctor Andrew Steptoe publicó un estudio sobre este tema en la revista de la Asociación Médica Canadiense. Con su investigación comprobó que la gente con actitud positiva mostró **tres veces** mejores indicadores de salud y una tendencia menor a sufrir las consecuencias negativas del paso de la edad.

¿Cómo quieres vivir hoy?, ¿cómo quieres vivir cuando estés en la tercera edad?

> **"LO QUE ERES HOY ES EL RESULTADO DE TUS DECISIONES Y ELECCIONES EN EL PASADO. LO QUE SEAS MAÑANA SERÁ CONSECUENCIA DE LO QUE HAGAS HOY."**

COMO VEO, DOY

En mis conferencias empresariales, hago un ejercicio que me gusta mucho y deja clarísimo la actitud de la que estamos platicando. Normalmente se presentan grupos numerosos. Les pido a las empresas que tengan un par de hojas recicladas y una pluma; por supuesto, la mayoría de las personas piensa que las hojas son para hacer apuntes (cosa que les genera cierta flojerita).

En una parte de la conferencia hablo acerca de la actitud. Les digo a los asistentes que tomen sus hojas y sus plumas, una vez que están listos para escribir, les pido que guarden las plumas como *souvenir*. Después, que hagan bolita sus dos hojas y se preparen porque van a tener un minuto para usarlas cual peligroso proyectil, que pueden aventar a quien quieran y en la zona del cuerpo que deseen (incluyendo partes nobles, aunque en algunos casos sus partes son deseadas, pero no son tan tan nobles).

Tras un conteo de tres, arranca la batalla. Imagínate a mil empleados aventando dos mil bolitas de papel por todo el salón. Es uno de los momentos más relajados de la plática. Empiezan muy tranquilos y 7.5 segundos después están sorrajándole la bolita a alguien lo más fuerte que pueden. Por supuesto, la persona que recibe el proyectil le contesta dos veces más fuerte al agresor. Total que, entre más duro dan, más duro y tupido contestan. Imagínate a personas que atraviesan todo el salón de un lado a otro, sólo para darle a alguien en específico, y ahí van como el coyote y el correcaminos de regreso. Es un *show*, pero al final el punto queda muy claro. Si alguien tiene una actitud negativa con otra persona, esa actitud negativa se regresa al doble (y así le vamos sumando hasta que nos falten dedos de las manos). Después de esta actividad podemos *recontrarreciclar* todas las hojas, ¡no te preocupes!

> **"UNA MALA ACTITUD ES COMO UNA LLANTA BAJA, NO PUEDES IR A NINGÚN LADO HASTA QUE LA CAMBIES."**

Una vez que terminamos el ejercicio (*literal*, es ejercicio porque sudan como locos), les pido que piensen en una persona muy querida con la que se pelearon. Alguien con quien no se hablan desde hace tiempo porque tuvieron un problema y se distanciaron. Amigas que se dejaron de hablar, hijos que no se hablan con su madre o con su padre, amigos del alma que se hirieron basados en todas las debilidades que sabían del otro, hermanos que no se ven hace años, en fin.

Con el tiempo contado, tienen que recordar la razón por la que se querían, se identificaban y se divertían tanto con esa persona antes del problema. Deben hacer memoria de todo lo bueno que pasaron pero ahora ya no pueden vivir. Tienen que pensar en lo difícil que ha sido conocer a una persona así. Les pido que se olviden de quién tuvo la culpa y sólo piensen que el tiempo no está de nuestro lado, no sabemos cuánto tiempo más les queda estar juntos.

Una vez que reflexionan todo esto, les sugiero que manden un mensaje de texto, WhatsApp o lo que sea, a esa persona, diciéndole algo de corazón, sin desenterrar el problema ni reclamar nada. Un mensaje corto de algo bueno.

La gente empieza a mandar mensajes como:

> "Ya no me importa quién tuvo la culpa, sólo quiero decirte que te extraño mucho."
>
> "Ojalá podamos hablar pronto, me haces mucha falta."
>
> "Papá, sé que hemos tenido muchos problemas, pero no quiero seguir perdiéndome vida sin ti."
>
> "Amiga, siento mucho todo lo que hice mal, sólo quiero que sepas que te necesito y me haces mucha falta."
>
> "Hijo, perdón. Hice las cosas muy mal."
>
> Una vez que mandan los mensajes, las respuestas llegan y las leemos en voz alta. Hay respuestas de todo tipo, como:
>
> "¿Qué te pasa? ¿Estás borracha?"

Pero la mayoría es:

> "Yo también te extraño. Veámonos pronto, por favor."
>
> "Llevo mucho tiempo pensando en ti. Nunca volví a tener una amiga como tú."

"Gracias por dar el primer paso. De verdad te necesito mucho."

"Sé que hemos tenido problemas muy fuertes, pero el amor de una madre y una hija es más grande que cualquier cosa. Quiero verte."

"Gracias por haber hecho esto."

En esta parte del ejercicio nos queda muy claro que una actitud positiva genera una reacción positiva.

A la gente que no recibe mensaje le comento que es normal, primero porque puede ser que el otro esté ocupado, o esté impactado, o en una junta, o con sus hijos, o necesita tiempo para responder un texto de esa naturaleza. Incluso la gente que nunca contesta, un mensaje como ese le cambia la química a su situación, porque cuando se vuelvan a ver o a pensar en el otro, será muy diferente, porque tuvieron la nobleza de hablar con el corazón y de intentar arreglar las cosas, aunque no se hayan podido resolver las cosas.

Además de ser una parte muy emotiva de la conferencia, los asistentes aprenden que la actitud que manda en la vida es la que recibes.

Hagamos el ejercicio aquí y ahora. Tengamos una conferencia virtual. La siguiente página está en blanco, para que la arranques y se la vayas a aventar, aterrizar, sorrajar, impactar a quien quieras de tu oficina, casa, trabajo, gimnasio o antro donde labores, después registra la reacción.

La segunda parte del ejercicio es muy sencilla: toma tu celular con una mano y la otra ponla sobre tu corazón. Escribe un mensaje a esa persona que tú sabes. No desaproveches el momento. Mañana no sabemos si alguno de los dos seguirá aquí. Recuerda que, pase lo que pase, haya respuesta o no, ese mensaje cambiará la química de las cosas y te dará la satisfacción de haberlo intentado.

Hay bodas malas y... ésta

Tuve un negocio de luz y sonido, fui DJ durante nueve años. En ese tiempo me pasaron muchas cosas: una novia que se emborrachó y se me sentaba en la piernas, mientras el novio y su familia estaban a diez metros de mí (ya no sabía ni cómo quitarla); una quinceañera que mientras hacía su "baile moderno" con sus chambelanes se le salió una bubi y no se dio cuenta, sí una bubi bailarina durante 45 segundos, hasta que sus primas entraron a taparla; un novio al que sus amigos lo aventaron durante la marcha fúnebre y no lo cacharon, terminó esa noche en el hospital con dos costillas y el cuello roto (la noche de bodas no fue lo que esperaban). Y una boda que me enseñó una gran lección:

Era una fiesta de casi trescientos invitados en una terraza con jardín en la Ciudad de México. Todo estaba perfecto, la decoración de muy buen gusto, la comida deliciosa, el vestido de la novia inmenso y precioso, la mesa de dulces inmejorable. Antes del baile romántico de los novios, empezó a llover. Todo el jardín estaba cubierto por carpas, por lo que se pensaría que no habría problema. Sin embargo, los mexicanos siempre dudamos de dos cosas: un puesto de tacos sin gente y unas carpas en un día lluvioso. Los invitados detectaron que en el techo se estaban formando bolsas de agua y se fueron, digamos que moviendo del perímetro (mexicano prevenido, vale por dos).

En un principio todo estaba bajo control, pero el problema no vino por arriba, sino por abajo. No sé por qué efecto de la física o la arquitectura, el agua empezó a salirse por el piso, por el techo de la carpa no salía una gota, pero el pasto se empezó a llenar de lodo. Algunos invitados lo empezaron a notar y sólo levantaban sus zapatitos, así como de "esto se está encharcando". Inclusive, después de los cuchillos cruzados que clavaron en el jardín, la lluvia empeoró (algo inexplicable, porque todo mexicano sabe que lo de los cuchillos no puede fallar, ¿cómo es posible que en otros países de primer mundo no lo sepan?). El lugar se empezó a encharcar cada vez más, hasta que de repente una esquina de la carpa se llenó de agua cual globo de sábado de gloria y, cuando menos nos imaginamos, se rompió y cayó sobre una mesa.

Por supuesto que todos los invitados de esa mesa ya estaban resguardados en un punto de reunión (tanto temblor ya nos tiene preparados para todo). Algunos de los invitados se limpiaron los zapatos y se metieron a la casa, que era muy grande; sin embargo, muchos seguían en el jardín. Unos veinte minutos después, pasó lo peor que le puede pasar a un DJ y a la fiesta: se fue la luz. Una fiesta sin luz es una fiesta sin música y una fiesta sin música... pues ya valió.

Como el lodo ya estaba altísimo y el jardín se había convertido en un pantano, todo mundo empezó a meterse a la casa para no seguir ensuciándose zapatos, trajes y vestidos carísimos de París. Aunque no había energía eléctrica, todavía había un poco de luz en el patio y se alcanzaba a ver bien. Yo metí de volada mi equipo, para que no se fuera a descomponer y mientras todos se limpiaban los zapatos dentro de la casa, miré hacia el jardín y vi a la novia caminando muy despacio hacia la casa. Pocas veces he visto una cara tan triste. Iba arrastrando los pies y con una impotencia tremenda. Cuando pasó junto a mí ni siquiera me volteó a ver; tenía los ojos a punto de explotar, llenos de lágrimas. Sin ver ni hablar con nadie, se metió a un cuarto que estaba entrando a la casa y cerró la puerta. Necesitaba un lugar privado para explotar y llorar, y es que ¿cómo no?, imagínate tanta ilusión de una boda, tantos invitados importantes, tantos gastos, tanta planeación, tantas personas que viajaron para estar contigo, y que todo se eche a perder así, fue horrible. Las personas que trabajaban en la casa cerraron la puerta del jardín, que era una puerta corrediza inmensa y muy pesada de cristal.

Como a los cinco minutos, se abrió la puerta del cuarto y salió la novia caminando hacia mí, con unos pasos súper firmes y con una cara de pocos amigos. Traía una grabadora en la mano derecha, llegó conmigo, me dio la grabadora y me dijo en tono de orden: "Pon la tres". Se acercó a la puerta gigantesca de cristal y la abrió sola. En el jardín había una alberca de lodo. Desde la sala, ella se hizo para atrás para agarrar vuelo, yo estaba congelado, *literal,* volteó a verme y me gritó: "¡Que pongas la tres!", y cuando la puse, ella se arrancó corriendo hacia el jardín y se aventó un clavado pecho_tierra en el piso lleno de lodo con su vestido blanco inmaculado.

Quedó batida. Cuando el novio la vio, casi se muere, primero como que se sacó de onda y en lo que pensaba qué hacer, las damas de la novia, que iban vestidas de lila, se aventaron detrás de la novia, cual pingüinos en iceberg (unas con menos gracia que las otras, pero todas se aventaron). Después de ver a las siete pingüinas enlodadas hasta los calzones, al novio no le quedó otra que aventarse también y sus amigos hicieron lo mismo. Después de eso, todos los invitados se empezaron a aventar. Nunca había visto algo así, el noventa por ciento de la fiesta se aventó y se enlodó, y empezaron a bailar con la música de la grabadora. A pesar de haber trabajado en tantas bodas, nunca había estado en una tan divertida y ambientada. Hasta hoy ha sido la mejor boda en la que he estado.

Esa es actitud positiva. Eso es ver el cómo sí y no el cómo no.

¿Vale la pena echar a perder el día de la boda, por guardar un vestido por años en el clóset, que además de quitarte espacio ocho años continuos, termina más amarillo que niño con hepatitis?

¿Vale la pena rendirse tan fácil, cuando fue toda la gente que te quiere, muchos familiares que viajaron y tú o tus papás gastaron gran parte de los ahorros de su vida?

Sí, seguramente gran parte de los vestidos de ese día, se habrán echado a perder, pero te puedo asegurar que fue una de las mejores bodas a las que ha ido la mayoría de los invitados. Y, lo más importante, la novia sacó la actitud que necesitaba para resolver el problema. ¿Podía parar la lluvia? No. ¿Podía regresar la luz? No. ¿Podía limpiar el lodo del jardín? Tampoco. Pero podía resolverlo de otra manera y eso fue lo que hizo.

Te acuerdas que te dije que para resolver un problema el noventa por ciento depende de tu actitud y sólo el diez del problema en sí. Pues ese día me quedó más claro que nunca.

¿Cómo enfrentas los problemas?, ¿qué tan rápido te das por vencido?, ¿eres de las que ven los vasos medio llenos o menos vacíos?

Todo eso lo puedes cambiar. Depende de cómo tomas las cosas, de qué tan dispuesto estás a aceptar los problemas que NO puedes cambiar y a identificar lo que SÍ puedes cambiar. Qué tan dispuesto estás a entender que todos tenemos problemas y complicaciones, pero hay quien decide hundirse en ellos y quien decide encontrar la solución, y que la diferencia es quién quiere hacerlo, quién quiere trabajar con ello, quién se esfuerza para lograrlo y quién de plano tira la toalla antes de empezar a intentarlo.

Lo único que asegura que no lo vas a lograr es NO INTENTARLO.

Todos podemos aprender, mejorar, cambiar nuestra forma de actuar. No haberlo hecho antes no es el problema; el problema es tener nueva información y no utilizarla. No tienes que haber nacido con el chip positivo-entusiasta, primo del "siempre se puede", pero sí puedes aprender cómo hacerlo y aplicarlo.

Recuerda que todas las personas que hacen algo muy bien actualmente empezaron sin saber nada y poco a poco llegaron a lo que son. Así que no te preocupes, si la actitud positiva no es tu fuerte, lo puede ser. En realidad, sólo depende de que tengas las herramientas y que decidas practicar para lograrlo.

La próxima vez que estés metida en un problema, piensa en que ya sabes el cómo no, la diferencia será que ahora encontrarás el cómo sí.

Seguro te queda una pregunta en el aire. "¿Cuál fue la canción numero tres?": "La bilirrubina", de Juan Luis Guerra.

¿Cómo entrenar a tu dragón?... positivo

Si te quedaste impresionada o impresionado con la actitud de la novia del apartado anterior, no te preocupes, recuerda el dicho: "La actitud de la boda enlodada no se hizo en un día."

En esta sección te presento varias herramientas para entrenarte y mejorar tu actitud, independientemente de que seas un discapacitado actitudinal o alguien muy positivo que siempre podrá mejorar.

Natàlia Calvet, *coach* y experta en hábitos de salud, propone varias acciones:

1 Centrar tu atención en todo lo que te genera algo positivo, ya que la mente es muy poderosa y aquello en lo que nos fijamos se expande. Ella recomienda, por ejemplo, que todas las noches escribas o simplemente pienses en tres cosas buenas que te hayan pasado en el día.

Ejercicio: Levántate en la mañana y dedica unos cinco minutos a imaginarte tu día en modo positivo, en lugar de modo avión, hazlo lo más detallado posible. Imagina que te va a ir muy bien con tu jefe, que tendrás una llamada increíble con tu amigo, algo saldrá muy bien en la casa o en la oficina y hasta tendrás una noche romántico-sexi-ardiente con tu pareja. Esos pensamientos cambian realidades.

2 Cuando te quejas y te la pasas criticándote y a todo el que se te cruza enfrente, sólo logras alejarte de la calma, estresarte y perder el positivismo. Quéjate lo menos posible (si te estás quejando con esta instrucción, no estás empezando bien).

Ejercicio: Sin hacer trampa, checa cuántas veces te quejas todo el día de mañana, apúntalas y al día siguiente haz todo lo contrario, quéjate lo menos posible y cuenta cuántas veces fueron esta vez.

Verás que tu paz interior, tu felicidad y tu tranquilidad cambian por completo. Te sentirás menos tenso, más calmado y de mejor humor, sólo por haber cambiado un comando en tu CPU, o sea, una orden diferente en tu cerebro.

3 Sonríe, sonríe y sonríe lo más que puedas. Está comprobado que la sonrisa estimula cambios bioquímicos y reacciones cerebrales que producen efectos en tu mente y en tu cerebro positivos.

> **"Cada célula de tu cuerpo reacciona a todo lo que dice tu mente. ¿Quieres pensar en positivo o negativo?"**

4 Piensa positivo. Yo sé que suena al cliché más clásico del mundo, pero ahí te va el por qué funciona: todo pensamiento consciente repetido durante un cierto tiempo se convierte en un programa. Piensa que tu cerebro es como una nuez rebanada a la mitad; el lado de arriba es la parte consciente, la que tiene tus pensamientos instantáneos, y la parte de abajo es el inconsciente, el que tiene los pensamientos inhatos como respirar, hacer la digestión, y los que has programado tú, como hablar, caminar, masticar. Si alguna vez dijiste el nombre de tu ex en la cama con tu pareja actual, ¡auuuuuch!, de seguro pensaste: "Lo dije inconscientemente."

Cuando aprendes a hacer algo, lo haces con el pensamiento consciente de tu cerebro, con la parte superior. Si estás aprendiendo a nadar, cuando entras al agua, sabes que tienes que dar una brazada primero y luego tu cerebro te dice que tienes que hacerlo con el otro brazo; al mismo tiempo, coordina el pataleo, primero una pierna y luego la otra, posteriormente sacar la cabeza cada cierto tiempo para respirar.

En un principio piensas cada paso y lo haces muy consciente, luego entre más veces lo practicas, envías esa información a la parte inferior de tu cerebro hasta que lo haces inconscientemente y lo conviertes en un programa. Llega un momento en que te avientas al agua y te pones a nadar en automático, ya no lo piensas. Ahora si que, como dicen los pilotos, lo haces por instrumentos.

Lo mismo pasa con los pensamientos negativos. Si todo el tiempo estás pensando cosas desagradables de ti, tipo: "Estoy gorda", "soy un fracasado", "nunca hago nada bien", "seguro no lo voy a lograr", "siempre la riego", en fin, todo este tipo de cosas, las repites tanto que pasan a tu cerebro inconsciente y creas un programa que establece un comportamiento negativo. Por supuesto, es muy fácil que las cosas te salgan mal.

Por el contrario, si formas un programa de pensamientos positivos, obtendrás el resultado opuesto. Las cosas saldrán bien, porque tu cerebro se convence de eso. Aun cuando la vida no esté tan bien, piensa positivo porque tu cerebro no distingue al cien por ciento la realidad de lo que piensas, por eso, si le dices cosas positivas, se empieza a programar de esa manera.

El pensamiento positivo provoca que las situaciones se vean de una manera más fácil y las soluciones sean más que los problemas. Por eso a las personas que les va bien cada vez les va mejor y a las que siempre les va mal cada vez les va peor. Simple pero cierto. Son sus pensamientos y sus programaciones cerebrales.

5 Agradece las cosas buenas que tienes. El agradecimiento tiene una energía muy fuerte para poner tu energía en positivo. Todos tenemos problemas y momentos difíciles, pero al mismo tiempo hay muchas cosas positivas que agradecer. Cuando damos las gracias, nuestra mente empieza a notar y codificar todas las cosas que **sí** tenemos y nos ayuda a minorizar las que **no** tenemos.

"CON UNA ACTITUD POSITIVA, TUS PROBLEMAS SE VUELVEN RETOS Y TUS OBSTÁCULOS ENSEÑANZAS."

6 Observa a alguien que admiras, que respetas y que te gusta como hace las cosas. Cuando pases por un problema, trata de pensar cómo reaccionaría esa persona. Eso ayuda mucho a que tengas una directriz; inclusive, si tienes confianza con esa persona, habla con ella para saber qué te recomienda. Poco a poco lo empezarás a hacer por tu cuenta.

7 Deja de escuchar tantas noticias negativas, noticieros y notas rojas, amarillas y hasta moradas; por el contrario, ve, lee y escucha cosas que te gusten y te motiven. La música es súper estimulante, genera muchas endorfinas, las hormonas relacionadas con el placer y la felicidad.

8 El ejercicio estimula la producción de endorfinas que nos infunden felicidad, inclusive disminuyen la sensación del dolor emocional. Así que, si te cortó tu novio, novia, esposo, esposa, amigovio, *fuck body* o lo que sea, en lugar de encerrarte y dormir cual oso hibernando dos semanas, una buena clase de *spinning* o hasta *aqua aerobics* podría funcionar. Sí, *aqua aerobics*.

9 Ordena tu casa, tu cuarto, tu clóset o tu cubículo (sí, comando godín, aunque sea cubículo de caballeriza). Está comprobado que arreglar el lugar donde pasas tiempo, ordena tu cabeza, te reduce estrés y te ayuda a estar mejor y más feliz. Para esto, te recomiendo un libro que me sorprendió mucho, *La magia del orden,* de Marie Kondo, ella asegura que ordenar tu espacio le da estructura tu vida, además, ese libro es uno de los *best sellers* mundiales más importantes hoy en día.

DIME CUÁNTO CREES EN TI Y TE DIRÉ QUIÉN ERES

¿Y si no tengo cualidades?

Eso fue lo que me preguntó una chica como de 25 años en medio de una conferencia, mientras hablábamos de las características positivas y cualidades que tenemos todos. Casi me voy de espaldas, me quedé con el ojo cuadrado, me saqué de onda, como dicen por ahí, casi se me corta la leche. No podía creer que se sintiera tan mal en ese aspecto.

Todos, absolutamente todos tenemos un gran número de cualidades. Aun las personas que sienten que, en lugar de haber nacido con estrella, nacieron estrelladas, tienen un sinfín de atributos, dones y regalos que les dio la vida. El asunto es que no siempre lo sabemos y no nos damos cuenta, algo así como andar jugando a las escondidas de las cualidades.

No hay ninguna persona exactamente como tú. Todos tenemos atributos diferentes y cada uno recibimos talentos y cualidades especiales, inclusive las personas que nacieron con el mismo talento que tú no lo usan de manera similar.

A ver, hagamos algo. Si estás en un lugar con gente, voltea a tu alrededor, ¿ves a alguien semejante a ti? No, ¿verdad? Cada uno es distinto y en eso radica nuestra gran magia y personalidad.

Me encanta lo que dice Jen Sincero, una *coach* de superación muy reconocida; ella comenta que cada persona tiene una forma de ser y una perspectiva única. Que somos las únicas personas que pensamos de la manera que pensamos y es eso lo que nos hace tan especiales.

Un ejemplo de esto es Guillermo del Toro, director, productor y guionista mexicano de películas como *El laberinto del fauno, Hellboy* y *La forma del agua*, entre muchas pelis más. Imagínate a Guillermo antes de lograr todo este éxito. Un chavo de Guadalajara, gordito, mejor amigo de los maestros. Su vida era dibujar monstruos, leer historias fantásticas, disfrazarse y hacer muñequitos de plastilina. Para muchos pudo parecer un niño "raro" más.

A Guillermo no le importó si a otras personas les parecía raro lo que hacía, si no era el más aplicado de la escuela, el atleta de la universidad o el más guapo del salón. Él creyó en lo que hacía, en lo que le gustaba y en ese regalo distinto que la vida le otorgó. Quizá en ese momento no sabía que era un don, pero estaba latente.

Con sus historias, sus dibujos de monstruos y sus muñequitos de plastilina, en 2017 ganó el premio Óscar como mejor director y *La forma del agua* fue premiada como mejor película. Hoy, Guillermo es uno de los directores y guionistas más importantes y respetados del mundo. Como ves, todos tenemos características positivas. El asunto es creerlo, apostar por eso, trabajar por ello y no dudar que somos únicos e irrepetibles y que cualquiera que confíe en sus cualidades, puede lograr lo que desee.

> "**La confianza en uno se puede aprender, practicar y dominar, al igual que otra habilidad. Cuando la dominas, todo en tu vida cambia para mejorar.**"
>
> ●
>
> *Barrie Davenport*

Un día me llamaron para hacer un *casting* para doblar la película animada *Bee Movie, la historia de una abeja*. Yo no soy actor de doblaje ni nunca había trabajado en ese campo, pero me emocionó mucho la idea. Llegué contentísimo. Me explicaron que era una película de la compañía DreamWorks, era la historia de una abeja que se enamora de una florista, en pocas palabras, iba a ser un trancazo.

Me dieron los textos, me indicaron las escenas que tenía que doblar y vamos para el estudio. Empecé a intentarlo. La primera vez lo hice mal, la segunda lo hice un poco peor y por ahí dicen que la tercera es la... peor de peores.

Hacer doblaje es uno de los trabajos más difíciles que he hecho en mi vida. Hay que aprenderse las líneas, actuarlas, dar intención a las frases, hacer que se parezca lo más posible a la voz original, hacer acentos e inflexiones por palabras y por letras, sincronizar tu boca con la del personaje, emitir sonidos con la boca si estás corriendo, huyendo o nadando, pero no te puedes mover mucho porque le pegas al micrófono. Es dificilísimo y para alguien que no es *multitask* como yo, aún más.

Para acabar pronto, cada vez me salió peor. Una prueba que normalmente dura entre treinta y cuarenta minutos, llevaba tres horas. El director me corregía y me corregía mil cosas. De repente, el encargado del estudio me dijo, "vas muy bien, sólo relájate y tómate cinco minutos de descanso". Jajajaja, se le olvidó que yo soy productor y sé bien que cuando alguien te dice eso en un *casting*, en realidad te quieren decir: "Te está saliendo de la chingada y, por favor, ya hazlo medianamente bien porque nos urge irnos."

En mi vida profesional nunca me había sentido más impotente. Fue horrible, empecé a sudar frío (*literal*), sentí como un pequeño ataque de pánico adentro de la cabina y lo único que quería era que se acabara. No me salí, porque nunca he sido de darme por vencido fácilmente, pero juro (no por Dios, eeeehhh) que inclusive recé para que terminara ya.

Después de casi tres horas y media de intentos (se nota que querían que quedara yo), me dieron las gracias y me fui. No me dieron el personaje. Jaime Camil hizo la voz finalmente.

Luego de ese día juré no intentar hacer doblaje jamás. Me había dado tal grado de ansiedad y me sentí tan malo, que no quería repetir esa experiencia. Sin embargo, tres meses después me llamaron de la oficina donde me representan para decirme:

—El jueves tienes un doblaje para la película *Véritas*.

—¿Queeeeeeé? ¿Cómo? Nadie me dijo nada. ¿Nunca les dije que odié la experiencia? ¿Que no quiero volverlo a intentar jamás?

—No.

—Bueno, no pasa nada. Cancela el *casting*. Diles, por favor, que no hago doblaje.

—Es que no es *casting*.

—¿Cómo?

—Ya te dieron el personaje, no hay que hacer *casting*. Quieren tu voz.

—No, no, *cómo crees. Diles que una disculpa*, pero que vamos a cancelar. No acepten ningún dinero.

—Es que ya nos pagaron todo y firmamos un contrato.

Casi me muero. Llegué a la grabación con las piernas temblando. Una noche antes no dormí nada y cuando entré, saludé al director y pensé, "espero que no sea tan bueno para que no se dé cuenta lo malo que soy".

—¿Has dirigido varios doblajes?

—Sí algunos —me contestó—. Hice *Toy Story, Cars, El rey león* y como quince títulos más.

Yo dejé de escucharlo en *Toy Story*, acto seguido, fui al baño. La cabina era un estudio increíble y muuuuy profesional. Me pidió la primera toma. La hice una vez y me comentó: "Muy bien. Vamos a hacer una más solamente de protección." Pensé, sí claro, ya empezamos con el muy bien, muy bien y todo está de penita ajena.

Acabé la segunda toma y me dijo: "Perfecto, increíble, muy buen tono para el personaje. Vamos con la siguiente toma." ¿Cómo?, ¿es en serio?, en realidad lo hice bien. Grabamos la segunda y dijo: "Wooow, fantástico, lo haces muy bien, va a quedar padrísima la peli. ¿Cómo tienes la siguiente semana? Me gustaría que hicieras un personaje para una película de perritos que se llama *Un chihuahua en Beverly Hills*."

Empecé a sentirme cada vez más seguro, las piernas me dejaron de temblar y empecé a estar menos nervioso. Poco a poco me relajé y hasta lo empecé a disfrutar y me empecé a divertir. Era un personaje principal. La grabación que estaba planeada para hacerse en cuatro días, la terminamos en dos días y medio. Salí feliz de ese doblaje. La película quedó muy bien.

Hasta hoy he hecho doblaje en *Stuart Little, Monstruos vs. Aliens, Los Pitufos* y *Rango*, todos con diferentes directores de doblaje.

¿Sabes cuál fue la diferencia? Ese director me hizo confiar en mí, me hizo darme cuenta de que sí podía. Y, al hacerlo, me retroalimenté. Ahora sí que me di cuerda yo solito. Creas lo que crees.

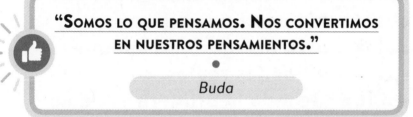

> **"SOMOS LO QUE PENSAMOS. NOS CONVERTIMOS EN NUESTROS PENSAMIENTOS."**
>
> •
>
> *Buda*

En una investigación realizada por los investigadores Bennett y Kremer, a surfistas de alto rendimiento y aficionados, se determinó que el factor que influía en su mejor desempeño era el aspecto mental. Si los surfistas mostraban un alto nivel de confianza y creencia en ellos, obtenían mejores resultados al momento de subirse a la tabla. Cuando confías en ti, todo el paisaje cambia. La seguridad en ti marca la diferencia de lograr algo o jamás intentarlo. Si bien no somos buenos en todo, hay muchas cosas en las que sí lo somos, el asunto es probarlas para saber cuáles son. Como te he dicho, tú programas tu mente y está en ti programarla con posibilidades o con pretextos, y nunca, pero nunca, es tarde para cambiarlo.

El filósofo y premio nobel Bertrand Russell decía: "La fe mueve montañas y tenemos que aprender a creer en nosotros." Hay personas con menos habilidades y conocimientos, pero con más seguridad que nosotros y terminan ocupando mejores puestos y obteniendo mejores metas.

¿Quieres que alguien con menos habilidades que tú logre mucho más, sólo porque sí tiene seguridad?

Ningún logro está fuera de nuestro alcance cuando se tiene fe. La fe y la confianza en uno son la única seguridad VERDADERA con la que cuenta una persona. Así que no dejes que tu inseguridad apague tus posibilidades reales, como me estaba pasando la primera vez que hice doblaje.

Cree en ti. Busca las cualidades que tienes. No dudes ni un segundo que estás lleno de ellas y ve con todo, porque los logros (de todo tipo) son de las personas que creen en ellas, independientemente de dónde vengan.

3

i eres emprendedor, empresario, deportista, universitario, soñador, godín, mamá queriendo poner un negocio, papá con un proyecto de toda la vida, familiar sacando un negocio adelante, visionario buscando un nuevo nicho de mercado, oficinista con el firme objetivo de ser director, director con el firme propósito de ser CEO internacional, estudiante con un proyecto en mente o simplemente... ser humano, este capítulo es para ti.

Todos tenemos sueños, metas y objetivos, pero contradictoriamente nos convertimos en nuestros peores enemigos. Sí, deseamos con toda nuestra fuerza (y a veces con todos nuestros ahorros también) lograr un objetivo, pero ante el primer error o fracaso boicoteamos todo y nos retiramos. A la primera barranca, no queremos ni sacar al buey de ahí, nos damos la vueltecita y nos vamos.

Pensemos que para llegar a tu objetivo hay cinco grandes errores en medio que puedes cometer, cinco barrancas.

A ——————/——————/——————/——————/—————— B

Cuando empiezas, arrancas con toda la ilusión y empuje del mundo, pero cuando te encuentras con el primer obstáculo serio, pensamos cosas como:

"Qué lastima."

"Íbamos tan bien."

"Se nos acabó el recurso (terminología de los compañeros de contabilidad)."

"Nunca evaluamos esto."

"Debimos informarnos más para saber que esto podía pasar."

"Perdimos mucho dinero, mucho tiempo, mucha energía, etcétera."

Y también decimos, "bueno, ni modo, lo intentamos", y nos damos la vuelta. Cuando, en realidad, lo que pasó es que una vez que cometiste el primer error, estás mucho más cerca de lograrlo. Si antes había cinco errores para llegar al objetivo, ahora quedan cuatro, lo cual significa que estás más cerca y aprendiste algo esencial para llegar a la meta. Así que debes equivocarte chingón, feliz, contento, porque diste el primer paso verdadero para lograrlo.

A—————x—————/————/————/————/———— B

Cuando cometes el segundo error, sólo te quedan tres, luego dos y así hasta que ya no quedan errores que cometer y llegas al objetivo. No fue una serie de errores, más bien fueron lecciones para aprender cómo conseguir la meta. Prácticamente aprendiste qué hacer, qué no hacer y dónde tomar precauciones.

> **"NO TRIUNFA QUIEN NO TUVO MOMENTOS DIFÍCILES, TRIUNFA EL QUE PASÓ POR ELLOS, LUCHÓ Y NO SE RINDIÓ."**

¿Hay personas que, por una palanca, un compadrazgo, una recomendación o por ser el hijo o la hija del dueño, llegan de un golpe a ese puesto o a esa meta? Sí, pero pronto lo dejan o quiebran esos proyectos, porque no pasaron por ninguno de esos errores, no se equivocaron, no aprendieron cómo hacerlo, no saben cómo llegaron ahí.

Insisto, cuando te equivoques, hazlo feliz, hazlo chingón, porque estás sumando puntos para ganar. Las personas con más logros dicen que el éxito es estar dispuesto a transitar por una cadena de errores.

> **"HE FALLADO MÁS DE 9000 TIROS EN MI CARRERA. HE PERDIDO CASI 300 JUEGOS. 26 VECES HAN CONFIADO EN MÍ PARA TOMAR EL TIRO QUE GANABA EL JUEGO Y LO HE FALLADO. HE FRACASADO UNA Y OTRA VEZ EN MI VIDA Y ES POR ESO POR LO QUE TENGO ÉXITO."**
>
> *Michael Jordan*

Así que, ánimo, no te sientas mal cuando te equivocas rumbo a tus metas. Las personas que nunca se fallan son las que nunca intentan nada. Decía Albert Einstein que los barcos que menos corren peligro son los que se quedan en la orilla, pero que no se construyeron para eso (y yo agregaría, que también son los que no llegan a ningún lugar).

Tú puedes conseguir lo que quieras, absolutamente cualquier cosa que desees, sólo tienes que estar dispuesta a pagar el precio. Muchos dicen y dicen, pero pocos hacen. ·

Jürgen Klaric, el mayor divulgador de neurociencias aplicadas a las ventas, el *marketing* y la educación, dice que llega un momento donde el emprendedor se queda en su esqueleto. Sin dinero, sin contratos, a veces sin socios con los que empezó, pero que ese es el momento donde está muy cerca de conseguirlo, donde llegará a fronteras que no había transitado, por lo que es el momento de confiar y seguir trabajando. Te recomiendo muchísimo sus libros y sus videos.

No te rindas, no desistas. La diferencia entre alguien que logra las cosas que se propone y alguien que jamás lo hace está en este momento, cuando enfrenta los problemas, aprende de ellos y sabe que es normal que sucedan. Así que, va de nuevo, equivócate, equivócate mucho, pero equivócate chingón.

QUÉ BUENO QUE NO VINIERON MIS PAPÁS

Cuando estaba por terminar tercero de prepa (si aullaste como lobo, de seguro eres millennial y me tienes ubicadísimo como el rey de los chavo-rucos, y sí; si no aullaste y más bien empezaste a hacer cuentas, quizá tu también eres parte de este selecto y longevo grupo), había una estación de radio que se llamaba WFM 96.9; fue una de las mejores estaciones que han existido de habla hispana. Estaba dirigida y creada por Alejandro González Iñárritu (sí, el ahora cineasta multiganador de premios Óscar y orgullo nacional), con las voces y producción de Martín Hernández y Charo Fernández.

Era tal la creatividad e innovación de la estación que se convirtió en la única con música en inglés que ha estado en primer lugar en México (las estaciones gruperas siempre han tenido los primeros lugares en este país). El asunto es que yo, con otros ocho millones de mexicanos, idolatraba la estación. Me sabía de memoria sus promocionales, grababa casetes con sus programas, me derretía con la voz de Charo Fernández y muchas cosas más.

Un día decidieron hacer un concurso para universitarios llamado *Radio College.* La idea era que mandaras un programa de radio de media hora y si era bueno, el premio sería que lo programaran al aire en WFM. Eso era lo mejor que cualquier comunicólogo podría anhelar.

Como te comenté, estaba por terminar la prepa y entrar al primer semestre de la universidad para estudiar ciencias de la comunicación. Motivado por el concurso, formé un equipo con mis compañeros Lalo Suárez, Gaby Gutiérrez y seis niñas más que todavía no conocíamos muy bien, pero estaban muy guapas y eso era requisito suficiente para estar en el equipo.

Hicimos un programa llamado *Metrópolis*, en el que presentábamos canciones de los ochenta. La verdad quedó muy bien, todos le echamos muchas ganas. Lalo y yo teníamos un equipo de luz y sonido, por lo que quedó muy bien grabado. Mandamos el programa, con la esperanza que un gran producto te da. Sólo quedaba esperar.

Los errores no son fracasos, sino experiencia que te hará ser mejor y hacer más.

Llegó el día de la primera transmisión. Nos juntamos en casa de Vicky, una amiga del equipo. Todo mundo llevó a su mamá, papá, hermanos, hasta a los perros llevaban. A mí nadie me acompañó, tengo que admitir que sí me dolió. Ver a todos con su familia apoyándolos, me hizo sentir un poco solo, pero ni hablar, así eran las cosas.

Empezó el programa y no podíamos de la emoción. Entre un millón de efectos radiofónicos y la voz de Martín Hernández, se escuchó la entrada de *Radio College*. Después de las presentaciones, dijeron los nombres. Nos moríamos de la emoción, todos queríamos escuchar nuestros nombres en el radio y mucho más en WFM. De repente, Martín dijo varios nombres, pero no los nuestros, estábamos con toda la comitiva rezando para escuchar los nuestros. Cuando escuchamos que Martín estaba a punto de terminar la lista, oímos: "Gabriela Gutiérrez, Eduardo Suárez y Yordi Rosado (brincamos y gritamos como locos) quiero decirles que es una pena que existan seudoestudiantes como ustedes, que es una pena que los medios de comunicación se vayan a quedar en manos de personas como ustedes y que los programas que mandaron son tan deficientes, que declaramos desierto este primer programa de Radio College."

Nos quedamos helados, las mamás de los demás se pusieron muy tensas y no sabían ni qué decir. Yo pensé: "Qué bueno que no vinieron mis papás." Nos fuimos de capa caída. Esa noche, Martín habrá dicho unos cincuenta nombres. Yo no sé qué hicieron los otros cuarenta y siete, pero Gaby, Lalo y yo nos ofendimos tanto que al otro día fuimos a las instalaciones de WFM por una explicación.

La estación estaba en una casa en la calle de Carracci, muy cerca de avenida Insurgentes en la Ciudad de México. Siempre fui un poco activista y estaba seguro de que al ser universitarios nos iban a abrir las puertas de par en par. Llegamos con la persona de vigilancia:

—¿Aquí es WFM?

—Tsí —por alguna extraña razón que aún no me explico, el vigilante anteponía la letra t ante la consonante s.

—¿Está el señor Martín Hernández?

—Tsí.

—¿Nos podría dejar pasar para hablar unos asuntos con él?

—No tse puede.

—Pero, ¿por qué? Somos universitarios. Tenemos que hablar con él. Tenemos ese derecho (yo en modo incendiario revolucionario).

—Pssssss.

—A ver, ¿tiene teléfono aquí en la caseta?

—Tsí.

—¿Y el señor Martín tiene extensión en su oficina?

—Tsí.

—Entonces, ¿le puede marcar de aquí para decirle que lo estamos buscando?

—No tse puede.

—¿Por qué?

—Porque son las políticas.

Y ahí valió. No sé por qué en México cada vez que te dicen "son las políticas", todos detenemos nuestros intentos. Total que, como no nos dejaron entrar, les propuse a mis amigos quedarnos afuera hasta que salieran los locutores, pensé: "No pueden dormir aquí" (me equivocaba, en realidad, prácticamente vivían ahí).

Nos sentamos en la banqueta, fuimos por unas tortas gigantes de un lugar que se llama *El Capricho*, nos comimos una tercera parte de cada una (todos pensamos, "hubiéramos comprado una para los tres") y acampamos en la calle, cual manifestación de maestros.

Después de cuatro horas de paro, vimos a una chava vestida de negro, con unos audífonos, que caminaba hacia la puerta. Trabajaba ahí. Nos pusimos enfrente de ella, a manera de interceptar su camino.

—Hola, somos estudiantes y estamos muy molestos porque no nos dejan entrar a hablar con Martín Hernández. Habló muy mal de nuestro programa que mandamos a su concursito este de *Radio College*, y no se vale porque ¿saben qué?, tenemos derechos.

Se quitó los audífonos, y me contestó:

—Perdón, no te escuché.

Era Charo Fernández, la voz más sexy e inteligente de México. Casi nos hacemos pipí de la emoción. Esta vez le dije:

—...Que nos encanta la estación, que amamos tu voz y que nuestro sueño más grande es ser como tú.

—Gracias, pero ¿cuéntenme a qué vienen?

Le explicamos y nos dijo:

—Vengan, pásenle, ahorita los llevo a la oficina de Martín.

No lo podíamos creer. Pasamos a lado del poli de la entrada y le dijimos: "No que no tse podía."

Pasamos a la oficina de Martín y cuando lo escuchamos hablar en vivo (porque la gente habla en vivo), nos quedamos congelados con su voz, jamás voy a olvidar lo que nos dijo:

—¿En qué les puedo ayudar?

Le explicamos todo. Pidió a su asistente la bitácora de nuestro programa y la revisó.

—Locución, bien. Grabación, bien. Selección musical, bien.

Y nosotros con cara de *what*.

—YYYYYYYYYYY, ¿entonces?

—Pues que el programa está bien, pero no ofrece nada nuevo. Está bien para cualquier estación convencional, pero no para WFM. Aquí hacemos cosas distintas, creativas, innovadoras y este programa no tiene nada de eso.

Nos dolió en el alma, pero tenía razón, era cierto. Creo que hubiera sido bastante bueno que hubiera explicado eso al aire, para que lo supieran todos; pero, por fortuna, después de un enojo familiar, un aguerrido encuentro con el poli de la entrada, cuatro horas sentados en la banqueta y tres tortas gigantes a medio comer, nos enteramos de la verdad.

Salimos de esa oficina con algo mejor de lo que imaginamos: una explicación real, un error identificado y una idea de lo que le faltaba a nuestro proyecto.

"**EL FRACASO ES, EN OCASIONES, MÁS FRUCTÍFERO QUE EL ÉXITO.**"

Henry Ford

Al estar en casa, decidimos hacer un nuevo programa con todas las características que nos habían mencionado. Lo llamamos *Encefaloradio*, trataba de una sonda que viajaba dentro del cuerpo humano e iba enseñándonos cómo sonaba cada zona u órgano del cuerpo humano. Por ejemplo, llegaba al corazón y sonaba un ritmo de tambores que se aceleraba conforme las emociones, si estaba en la boca y los labios, sonaba la canción "Boy from New York", del grupo *The Manhattan Transfer*; si pasaba por el trasero, se escuchaba "No te metas con mi cucú", de *La Sonora Dinamita*. La verdad quedó muy padre, pero lo mejor de todo es que ganamos. Sí, ganamos. No podíamos de la emoción y del orgullo de haber corregido los errores y haberlo hecho mejor. Salimos al aire durante treinta minutos en WFM (por supuesto, ese día no le dijimos a ninguno de nuestros papás). La gente de la estación nos bautizó como los súper amigos, porque siempre estábamos juntos.

Después de eso, les comenté a Lalo y a Gaby que hiciéramos otro.

—Pero si ya ganamos —me dijeron.

—Pues, sí, pero hagamos otro.

Los tres estuvimos de acuerdo. Llevamos nuestras faltas en el primer semestre de la universidad al límite e hicimos uno más, y contra todas las expectativas volvimos a ganar. Nos sentíamos en los cuernos de la luna.

Después de esa segunda entrega, les dije:

—¿Y si hacemos uno más?

—¿Estás loco? Estamos a punto de reprobar varias materias. Además, ya ganamos dos veces, ya no tiene caso, ¿para qué quieres hacer otro?

—Quiero que nos contraten.

—¿Cómo crees? Tenemos sólo 18 años.

—Por eso, hoy más que nunca les funcionamos, no estamos maleados, tenemos muy buenas ideas y estamos dispuestos a ayudar en lo que sea.

Estuvieron de acuerdo. Hicimos un programa más, volvimos a ganar y qué crees... No nos contrataron.

En la universidad sufrimos con los maestros y las faltas. Tuvimos que desvelarnos mucho más para ponernos al corriente de todo lo que habíamos perdido. Parecíamos mapaches de tanta ojera. Fue una pesadilla. Unos meses después, los tres estábamos comiendo unos tacos y sonó mi celular.

—¿Oficina de los súper amigos?

—Sí —contesté.

—Hablamos de la oficina de los Súper Chingones —era Martín—. Quiero ver si pueden venir mañana a platicar. Necesitamos un grupo de creativos para la estación y nos gustaría que ustedes trabajaran con nosotros.

Nos contrataron en WFM cuando teníamos 18 años. Dormimos durante varios años en los pisos de las cabinas porque *literalmente* vivíamos ahí. Los primeros años no nos pagaron un solo peso, pero tuvimos la mejor escuela y el mejor aprendizaje que jamás hubiéramos imaginado.

Lalo y Gaby se casaron en esos años. Los errores y la actitud de ir tras lo que queríamos fueron nuestros mejores aliados.

Como ya te comenté en párrafos anteriores, los errores te ayudan a aprender y a crecer, te guían, te dan un mapa hacia dónde ir. Si no hubiéramos hecho ese primer programa que destrozaron al aire y no hubiéramos preguntado en qué nos habíamos equivocado, jamás hubiéramos trabajado en esa estación de radio.

No te preocupes por las cosas que aparentemente salen mal, en realidad, cada una es un escalón para llegar a tu objetivo. Es imposible ver el futuro, pero "cuando llega" sí lo puedes ver como pasado. Cada error te está ayudando a saber el cómo sí. No huyas de los errores, aprovéchalos, disfrútalos, aprende de ellos, por eso: equivócate feliz.

EL JUEGO NO TERMINA CUANDO PIERDES, TERMINA CUANDO TE DAS POR VENCIDO

Todooooooooooooooooooooooooooooooooooooooooooos, sí, absolutamente todooooooooooooooooooooooooooooooooooooooos perdemos.

Pueden batearte de diez entrevistas de trabajo; negarte un crédito que te urgía; haberte dicho tu pareja que ya no te amaba. El cliente al que le has dedicado tanto tiempo decidió irse con otro proveedor. No conseguiste ganar en el deporte por el que tanto entrenaste. No conquistaste a la persona que tanto querías. No te autorizaron un proyecto de televisión por el que trabajaste un año entero (¿me proyecté?). El puesto por el que trabajaste por mucho tiempo se lo dieron a otra persona. Siempre quisiste ser mamá y ahora se te está saliendo de control la familia. Pueden salirte mal un millón de cosas, pero, ¿sabes qué?, es normal.

El ser humano es falible. Así somos. Dentro de nuestra naturaleza está el equivocarnos, es algo natural incluso sano. Si a eso le sumas que alrededor de cada situación hay muchos elementos que tú no controlas, las cosas se complican.

El problema no es equivocarse (eso dalo por hecho, te vas a equivocar), el problema es darse por vencido. Si te das por vencido, entonces no hay nada más que hacer, porque dejaste de intentarlo y es un hecho que no lo vas a conseguir.

"**UNAS VECES SE GANA Y OTRAS VECES SE APRENDE.**"

John C. Maxwell

No importa cuántas veces te equivoques, recuerda que estás en vías de lograrlo. Don Quijote se lo decía a su escudero Sancho Panza, "Sábete, Sancho, que no hay un hombre que sea más que otro, sino que hace más que otro."

Sea lo que sea, no dejes de intentarlo, no dejes de insistir, esa es una de las grandes diferencias entre las personas que logran las cosas y los que nunca lo hacen. No les dan miedo los errores, saben que es parte del camino y siguen intentándolo.

¿Has oído la canción de Joan Manuel Serrat con los versos de Antonio Machado que dice: "Caminante, no hay camino, se hace camino al andar"? Es cien por ciento cierta, uno va aprendiendo cómo hacer las cosas, en la medida que las practica. Uno va afinando la puntería cada vez que hace disparos, aunque sea a los globos en las ferias, pero entre más tiros hagas, más atinas. Si evitas equivocarte no hay forma de aprender.

Uno de los deportes que más me gustan es esquiar en nieve. Es un deporte difícil de aprender, en especial si comienzas grande, como fue mi caso (aprendí a los 21). Después de varios años de practicarlo me tocó llevar por primera vez a mi esposa (en ese momento, novia). Para mí era muy importante que aprendiera a esquiar, porque era algo que quería que hiciéramos en familia.

En ese viaje iban dos personas que no sabían esquiar. Mi novia y una amiga de ella. A mi novia le dije:

—Para aprender a esquiar tienes que caerte ochenta veces y a la caída número ochenta y uno vas a aprender.

—¿En serio? —me dijo.

—Sí, te lo aseguro.

Lo tomó tan bien que en ese momento que tenía los esquís puestos, se tiró al suelo por primera vez, se levantó y me dijo, "llevo una". Me encantó su actitud. Las caídas no son dolorosas, a menos que lleves mucha velocidad, porque la nieve es suave. Así estuvimos tres días. Al cuarto ya sabía esquiar.

—¿Cuántas caídas llevas?

—Sesenta —me dijo.

Equivoqué mi cálculo por veinte, pero la fórmula funcionó.

> **"No deberías avergonzarte de admitir una equivocación, es sólo una manera de decir que eres más sabio hoy que ayer."**

¿Por qué necesitaba caerse? Sólo así las piernas aprenden a manejar los músculos que tienen que utilizar. El cerebro aprende a hacer equilibrio con los esquís, a calibrar y aprender a distribuir el peso. Por eso necesitas caerte para saber qué hacer y qué no hacer.

Su amiga tenía pavor de caerse y evitó hacerlo durante toda la semana. Resultado: no aprendió a esquiar. Es como la vida: tienes que equivocarte para crecer. Tienes que vivir y sufrir la realidad para aprender. No evites las situaciones incómodas de la vida; si les huyes, te quedarás estancado.

¡Así que éntrale con todo!, que no te de miedo equivocarte. No te sientas mal, triste o decepcionada contigo. Al contrario, siéntete feliz, agradecido y orgulloso de que estás practicando y que no tienes miedo de saber cómo mejorar.

Tú puedes conseguir todo lo que quieras, tú puedes aprender todo lo que se te ponga enfrente, tú puedes aprovechar cualquier situación para crecer. El ser humano ha hecho las cosas más sorprendentes que se puedan imaginar en todos los aspectos y eso es porque está diseñado para aprender de sus errores y aprovecharlos para salir adelante.

No te quedes esperando, cierra el libro y empieza a aprender todo lo que necesitas para lograr eso que te está esperando.

La sombra de Adal

Otro rollo fue uno de los programas más importantes de la televisión en México, Estados Unidos y Latinoamérica de las últimas décadas, ¡zas!, se tenía que decir y se dijo. Suena algo pretencioso, pero es la verdad.

Rompió muchos estereotipos, generó grandes entrevistas y musicales, inventó nuevos formatos, cambió el lenguaje que se utilizaba en la televisión en el país, hizo cosas irreverentes que se vieron por primera vez en la pantalla, impuso modas y tuvo los mejores invitados nacionales e internacionales de los últimos años.

Cómo olvidar a los *Backstreet Boys* jugando toques-toques, los monólogos, la pecera del amor (en sus cuatro versiones, por cierto), el "oh, oh, digo yo", el Gran Carnal, los reportajes, el Flash Informativo, ir en helicóptero a tirar un penal al Azteca, el florero que le estrelló a Adal el "poeta", el brazalete de Jonathan Reed y Jaime Maussan, mi aparición como hombre bala, Will Smith echando una cascarita de básquet en el foro, las entrevistas a los candidatos presidenciales, Señorita Table, ¡¡¡Rudy, Rudy!!!, el arrollador éxito de los *Vázquez Boys* y muchos, muchos, muchos etcéteras.

Más adelante voy a platicar varios de los secretos, anécdotas, situaciones, grandes aciertos y grandes errores que tuvimos en este programa que nos cambió la vida a todos los que fuimos parte de él. Pero quisiera arrancar con algo que tiene que ver con el tema de este capítulo.

Además de ser productor del programa, disfrutaba mucho la conducción. Amaba hacer los reportajes, los enlaces, viajar a las olimpiadas y a los mundiales, hacer cosas divertidas en las dinámicas con los invitados. Lo único que no me gustaba y me dolía en el alma era cuando me decían que era el patiño de Adal.

Mucha gente me preguntó si no me daban celos su éxito y, sinceramente, jamás me dio, al contrario, me daba muchísimo gusto que le fuera tan bien, que hiciera tantos *shows* de monólogos y que tantas marcas lo usaran como imagen. Siempre reconocí el gran talento que tiene y aprendí muchas cosas de él. Yo también conocía mis talentos y nunca dudé ni los comparé. Sabía que juntos hacíamos un gran equipo y que, en ese momento, éramos compadres, vecinos y, lo más importante, mejores amigos.

Sin embargo, cuando algún reportero me decía que era su patiño o su sombra, para qué miento, sentía horrible, me sentía menos, poca cosa, sin importancia; sentía que se me apachurraba el corazón. El simple hecho de escuchar la palabra me ponía de muy mal humor.

Al principio me enojaba, me defendía como gato que quieren aventar al agua —¿los han visto?, se ponen loquísimos— y llegué a ser grosero con algunas de las personas que me cuestionaron. Pero un día de iluminación divina, decidí investigar la palabra (ojo, todavía no había Google, era la época de la *Enciclopedia Británica*, la *Sección Amarilla* y la abuelita del Waze, la *Guía Roji*).

Patiño: en pocas palabras, se refiere a alguien que pone las situaciones o prepara la base de los chistes para que el conductor principal pueda rematarlos y tirar a gol.

Después de entender lo que era, me di cuenta de dos cosas:

La primera, que por más que me molestara el término, era la función que estaba cumpliendo a cuadro. Y la segunda, que no era nada fácil realizarlo. El hecho de lograr hablar al lado de Adal, que tiene una velocidad de habla de dos mil kilómetros por segundo, era complicadísimo, y poner la base de un chiste que ambos entendiéramos, en un programa en vivo, requería de hablarnos con los ojos y además de mucha agilidad mental de ambos.

Acepto que me dolió darme cuenta de que, contra todas mis expectativas, estaba desempeñando ese papel, pero, por otro lado, fue muy bueno entenderlo y aceptarlo, porque sólo cuando aceptas las cosas, puedes mejorarlas. Si te pasas negando algo, no hay manera de trabajar en eso.

Piensa, ¿hay algo que no aceptas y en el fondo sabes que es real? Piénsalo, quizá es la razón que no te deja avanzar.

**"Lo que niegas te somete.
Lo que aceptas te transforma."**

Carl G. Jung

Una vez que lo acepté, el peso que cargaba en la espalda desapareció, porque ya no tenía que negar (inclusive a mí) algo que era real y estaba sucediendo. Por el contrario, aprendí bien cómo funcionaba el asunto de ser el patiño o la sombra y busqué la forma de hacerlo mejor, siempre respeté su lugar y probé cosas nuevas para tener cada vez mejores resultados.

En cuanto logré mejorar esa parte, busqué cómo tener mayor participación en el programa. Inventé —e inventamos— algunas secciones nuevas donde apareciera yo, como enlaces en vivo donde me metía en las casas y hasta en las camas de las personas a media noche; me convertí en un taxista que platicaba, bromeaba y jugaba con mis pasajeros sin que supieran que los estábamos grabando; inventamos una carrera de botargas que me costó muchos golpes, pero que me pagó con muchas risas y mucha empatía con el público.

Fueron tantas cosas las que hicimos, que logré que nos olvidáramos del patiño y ubicarme como un co-conductor del programa con muy buena aceptación. De hecho, mis secciones tuvieron los *ratings* más altos del programa. Luego de eso, empecé a conducir otros programas, a hacer la imagen de varias campañas publicitarias y antes de que terminara *Otro rollo*, presenté el programa *Está cañón* como productor y conductor. Invité a mi amigo Manolo Fernández como productor asociado y arrancamos ese proyecto.

Está cañón entró al aire un año antes de que terminara *Otro rollo*, permaneció once años al aire, fue uno de los programas con más alto *rating* de Unicable y ganamos tres veces el premio *TVyNovelas* como mejor programa de televisión res-

" Sólo cuando aceptas las cosas, puedes mejorarlas. "

tringida. Después, presentamos el programa de radio *Qué Pex* para Exa FM, luego el programa *Despierta* y al día de hoy estamos al aire con *Yordi en Exa*. Desde que entré al aire en *Otro rollo* hasta hoy, llevo veinticuatro años a cuadro en televisión, prácticamente ininterrumpidos, y quince años al aire en radio. Como ves, intenté darle la vuelta a las cosas, partiendo de aceptar una realidad y trabajar fuerte para mejorar.

Todos tenemos situaciones que nos molestan, esas piedritas en el zapato, que si las ignoramos vamos a seguir cojeando, pero que si decidimos aceptar que están ahí, podemos encontrar la manera de caminar y, por qué no, de correr.

Nunca te sientas menos con lo que haces, ni en la posición en la que estés, no hay absolutamente ningún trabajo o puesto que no sea digno. Tu valor y tu seguridad no dependen de nadie más que de ti. Ningún trabajo o actividad define quién eres, ni hasta dónde puedes llegar. A veces dudamos de nosotros, ¡pero salte de ahí!, no te inventes

fantasmas internos que sólo te complican más las cosas, pero que nadie más los ve. No te conviertas en tu peor enemigo. Al contrario, conviértete en tu mejor aliado, porque nadie sabe de la madera con la que estás hecho, mejor que tú.

> "LAS MEJORES BRÚJULAS SE FABRICAN CON RESTOS DE LOS PEORES DÍAS."
>
> •
>
> *Davile Matellán*

NO IMPORTA DE DÓNDE VENGAS, SÓLO IMPORTA A DÓNDE VAS

No vivas del pasado

4

Es real, a muchas personas nos pesa nuestro pasado. Pensamos en los problemas que tuvimos, en las situaciones familiares difíciles, en lo que queríamos tener y nunca tuvimos, en los estudios que deseábamos, en los padres que no estuvieron presentes, en los momentos que lastimaron nuestra autoestima, en las carencias emocionales, en las materiales, en los abusos verbales, psicológicos y hasta sexuales que marcaron a muchas personas, en las parejas que acabaron con nuestra seguridad, en los momentos de carestía o en los momentos de abundancia material, pero de pobreza en amor, cariño y aceptación. Pero no podemos tomar el pasado para definir nuestro futuro.

No todo mundo arranca en la misma línea de salida ni con las mismas oportunidades, pero también es cierto que hay muchísimas personas que, teniendo muy poco (y a veces nada), han salido adelante contra todos los problemas y han llegado muy, pero muy lejos. Muchos de ellos, más lejos que las personas que tuvieron todo.

¿Por qué? Porque esas personas se responsabilizaron del presente.

No podemos poner la responsabilidad en el pasado. Tenemos que ponerla en nosotros, en el hoy, en el ahora, para conseguir nuestros objetivos.

> **"Si te detienes pensando en el tiempo perdido, lo estás perdiendo de nuevo."**

Hay de dos sopas: o vives lamentándote del pasado y ocupándolo de una manera muuuy conveniente para poner pretextos para todo y tener "licencia personal" para no hacer nada; o decides dejarlo atrás y trabajar a partir de lo que tienes hoy. Debes saber lo que quieres y, una vez que lo sabes, concentrar toda, pero toda tu energía ahí. Entre más claro sepas lo que quieres, más fácil será no darte por vencido y esquivar los problemas. Y una vez que lo sabes, sé constante y enfócate para lograrlo.

¿Has oído de la gente que tiene visión tubular? Son esas personas que ven las metas como si lo hicieran a través de un tubo, sólo ven su objetivo y no se distraen con nada de lo que hay alrededor.

¿Qué sopa quieres probar?

Todos hemos tenido problemas, pero esa historia ya se acabó, ya terminó, estás a punto de escribir la nueva, ¿cómo quieres hacerlo? ¡Tienes una nueva oportunidad! ¿Quieres amarrarla al pasado o hacer una nueva mucho mejor?

Así que ¡sin pretextos!, cambia el pero por el puedo. No importa de dónde vienes, porque si trabajas en hacerlo mejor, todo será ir para adelante y pronto alcanzarás a los que se queden parados, independientemente de dónde arrancaron.

Algo muy importante es tener muy claro, clarísimo, hacia dónde vas. Si tienes un objetivo, una meta, un punto al cual llegar y te enfocas, cada día estarás más cerca. En cambio, si no lo tienes, es imposible apuntar a un lugar que no tienes ni la menor idea de dónde está. Si todo el tiempo

"No importa tu pasado, si estás dispuesto a construir tu futuro."

Brian Tracy

estás acordándote de lo que no estudiaste, de lo que te hicieron, de lo que nunca tuviste, entonces vivirás amarrado a eso.

- Estudia lo que te haga falta, así sea aprender a leer y escribir o el doctorado que no terminaste.
- Si llevas una huella de abandono o un desorden emocional, busca un psicólogo, un terapeuta, un guía espiritual, y encara tu problema, toca tu dolor, abrázalo y luego trabaja en él para superarlo.
- Si tienes alguna adicción, codependencia, desorden alimenticio, neurosis o muchos etcéteras, busca un grupo de apoyo, un grupo de AA, un grupo de doce pasos, una rehabilitación, etcétera.
- Si sufriste un abuso físico o sexual, busca una sexóloga, un apoyo emocional, una asociación para platicarlo con profesionales o compartirlo con personas que hayan vivido lo mismo y que te den un motivo de fe y esperanza para trabajar esa situación y no cargar eso toda tu vida.
- Si padeciste una pérdida, busca a un tanatólogo que te ayude con ese vacío tan grande; a un psiquiatra, un religioso, un maestro o un chamán, cualquiera que le dé sentido a tu vida.

No estoy diciendo que ninguna de estas situaciones sean sencillas, cada una tendrá su propia complicación, en lo que insisto es que todas se pueden trabajar, de una u otra forma.

Escoge la única sopa que te va a ayudar a salir adelante, la que no te va a dejar estancada o presa el resto de tu vida. Eso sería una cadena perpetua a la que tú solito te estarías condenando, ¿qué fuerte, no?

Hazte responsable de ti. ¡Ahora! Como dice la canción "lo que pasó, pasó" y la mayoría de esas cosas no dependieron de ti, pero tu presente y tu futuro sí dependen de ti. Ya que las cosas están en tus manos, no se las dejes al pasado, no se las dejes a nadie, estás vivo, tienes una oportunidad de oro, ese niño que lastimaron, ya te tiene para que lo defiendas y luches por él; esa niña chiquita e indefensa que eras, ya tiene a la mujer que eres hoy para que la cuide. Ya no están solos.

Lo que pase contigo a partir de hoy sólo depende de ti y vas a lograr todo lo que quieras porque si sabes a dónde vas y concentras toda tu energía en eso, no importa de dónde vengas, insisto, sólo importa a dónde vas.

LES PIDO QUE PASEN A RETIRARSE

Dicen que no hay nada tan malo que no se pueda poner peor. Estoy de acuerdo.

Como te platiqué líneas arriba, tuve un negocio de luz y sonido llamado Music Systems. Tenía 17 años cuando mi amigo Raúl Alcocer y yo decidimos hacer nuestra primera sociedad precoz (lo de precoz fue porque arrancamos muy chicos, no porque haya durado nada).

En esa época había un par de negocios de luz y sonido en la Ciudad de México llamados *Baxter* y *W-tops*. Eran los más famosos, populares, fresas y solicitados de toda la comarca. Todas las niñas y los niños ricos de México los contrataban, estaban en las mejores fiestas, eventos, charreadas, quince años, *pool partys*, graduaciones y cualquier evento donde hubiera ese tipo de gente, ellos eran los reyes de la escena, algo así como los *Polymarchs* o el *Sonido La Changa* de los ricos.

Raúl y yo éramos dos chicos de la colonia Avante y Acoxpa, o sea, para acabar pronto, éramos dos *villacoapos*. Villa Coapa es una colonia de la Ciudad de México clase mediera apenitas. El eslogan era: "Villa Coapa, donde la gente es guapa." Salvo muy pocas excepciones, eso no era real.

Estábamos muy lejos de ser parte de esa élite *nice*, pero ambos sabíamos de su existencia. Nuestro mayor sueño era poner la música en una de esas fiestas, ver niñas guapas y que el negocio funcionara. En la primera fiesta rentamos casi todo el equipo. Había un negocio en avenida Universidad llamado Centro Musical Moderno, donde rentaban equipo para grupos musicales. Ahí rentamos casi todo, bueno, hasta los cables. El papá de Raúl (siempre un tipazo) nos prestó una camionetita estaquitas de Nissan y entre mecates, cinturones de presión y una lona azul (para que no se mojaran las cosas, porque, si no, teníamos que pagarlas), llevamos todo "nuestro" equipo. Así trabajamos dos años en fiestas chicas, medianas, medianas, medianas, medianas, medianas, ah y una grande.

Estas niñas populares de las que hablábamos nos habían visto en una que otra fiesta, pero había sido algo muy esporádico y no tenían mucha idea de quiénes éramos. Mientras tanto, nosotros nos moríamos por ser tomados en cuenta.

El día menos pensado, recibí la llamada más pensada y también la más deseada. Era una niña del Colegio Oxford.

Un colegio con las niñas más guapas, ricas y populares de México. Era de mujeres únicamente, lo cual lo hacía el semillero perfecto de posibles fiestas, era una colmena de quinceañeras. La mejor oportunidad que habíamos tenido como equipo de sonido y... seres vivos, algo así como el regalo prometido.

Quería que pusiéramos la música en la comida de graduación del Oxford de tercero de secundaria. ¡No podía creerlo! Le hice el presupuesto, me dio la fecha, la dirección de la comida y yo casi me desmayo antes de colgar la llamada, para ser sincero, creo que sí me hice poquita pipí.

En ese momento le marqué a mi socio Raúl, teníamos esos celulares Motorola gigantes que parecían ladrillos (creo que, en algún momento, fueron considerados armas blancas), y él también estaba saltando de la emoción.

Esas niñas sólo contrataban a los *W-tops* y a *Baxter*, así que era una gran oportunidad por lo que decidimos hacer todo lo posible para lucirnos. Yo siempre he creído que la imagen es muy importante. Es lo primero que la gente percibe de ti, refleja tu seguridad y el cómo te sientes respecto a ti. Puede parecer banal pero no lo es. De hecho, así está diseñado el cerebro, al estar tan cercano al sentido de la vista, hace una imagen inicial de ti y, en ese momento, decide si le gustas o no, si conecta contigo o no, inclusive si confía en ti o no, por eso dicen que "sólo tenemos una primera impresión". Así que decidimos tirar la casa por la ventana o, más bien, el departamento, porque así que dijeras qué holgados andábamos de recursos, pues no.

Contratamos a un diseñador profesional para rehacer nuestro logotipo, mandamos a estampar playeras y gorras con el nuevo logo, hicimos unas tarjetas de presentación a cinco tintas y con barniz UV (si no sabes qué es eso, no te preocupes, en conclusión, caras) y lo que jamás imaginamos, sacamos todos los ahorros que habíamos hecho con los dos años de fiestas y entre los dos compramos una Vanette usada, seguro pensaste "¿qué es eso?", pues es un camioncito chiquito, de esos que usan para vender leche. Nos quedamos sin un peso, pero era nuestra gran oportunidad de impactar. La mandamos a hojalatería, la pintamos toda de negro y en un negocio de rótulos de calzada de Tlalpan, le pusieron nuestro nuevo logo a ambos lados. No había manera que no nos notaran, estábamos listos para dar la mejor impresión.

Llegó el gran día. La comida fue en un jardín muy grande en el Pedregal de San Ángel. Cuando llegamos, vimos muchos coches estacionados y las puertas del jardín abiertas, las cuales daban a la calle. Confirmé que fuera ahí la comida y, mientras Raúl manejaba, le dije:

—Vamos a meternos hasta el centro del jardín, para bajar el equipo ahí y aprovechar para que todas vean las playeras y el camión rotulado con el nuevo logo. Se van a impresionar, tenemos que hacer todo para que se graben nuestro nombre y no se les olvide jamás.

No podía creer que por fin éramos nosotros los que íbamos a tocar en esa fiesta tan importante. Metimos el camión despacito, *obvio*, para que todo mundo lo viera. El plan empezó a funcionar. Todas las niñas volteaban a ver nuestro camión negro despampanante y nuestro logo. Cuando llegamos al centro del jardín, me bajé, vi las caras de todos y me sentía como pavorreal al tener la atención de los asistentes.

Cuando me bajé, se me acercó una niña muy guapa y me saludó, era Renata, la niña con la que había hablado por teléfono, me dijo:

—Hola.

—Hola, ¿cómo van con todo? Nosotros ya listos.

—¿Para qué?

—Para conectar el sonido.

—¿Cuál sonido?

—El de su comida.

—Creo que hay una confusión, yo nunca te confirmé.

—Sí, claro que sí, me diste la fecha, la dirección y todo.

—Sí, pero nunca te confirmé ni te di adelanto, sólo estaba preguntando; la música la va a poner *W-tops*, de hecho, ya están listos —y señaló hacia donde estaban conectados.

Casi me muero. Me sentí un imbécil, te puedo decir que hasta me mareé, no sé si se me bajó el azúcar, el ego, la dignidad o todas juntas. Todas las miradas estaban sobre nosotros y tenían esa sonrisa entre burla y pena ajena que jamás voy a olvidar. Me subí al camión y nos tuvimos que dar la vuelta hacia la puerta en cuatro movimientos, los movimientos de manejo más largos de mi vida. Raúl se puso tan nervioso que se le trabó la palanca de velocidades e hizo un ruido horrible, dejando todavía más claro que nuestro camión negro despampanante era mucho más viejo que negro. Nos salimos del lugar (mucho más rápido de lo que entramos, *obvio*). Yo veía la cara de todos siguiendo el camión, esperando el momento en que saliéramos para morirse de risa. Pocas veces me he sentido tan avergonzado y vulnerable. Quería que la gente se aprendiera el nombre y el logo de nuestro sonido... y lo logré.

Las tarjetas impresas a cinco tintas y barniz UV nunca las saqué. Si antes no teníamos fiestas de este tipo de clientes, te puedes imaginar que después de ese día mucho menos.

Llegamos deshechos a nuestra bodeguita, de hecho, no dijimos una sola palabra en el camino. Nos bajamos de nuestra Vannette lechera cargando dos bolsas de cincuenta gorras cada una que, como debes imaginar, no se requirieron. Nos sentíamos tontos, tristes, avergonzados, enojados de haber perdido una oportunidad así.

Quizá ahora, a la distancia, ese momento pueda parecer algo superfluo, pero para dos chavos de 16 y 21 años con tantas ilusiones fue muy desagradable.

He pasado cosas muy fuertes en mi vida, como vivir con una persona adicta con problemas muy serios, mi divorcio, el ingreso de mi papá al psiquiátrico, el enfisema pulmonar de mi mamá que le causó la muerte a los 52 años y varias cosas más.

Por eso estoy seguro de que cuando peor te va, es cuando la vida está buscándote y retándote para sacar lo mejor que tienes; de que cuando tocas fondo en algún aspecto de la vida, el piso te funciona para impulsarte y, sobre todo, que cuando estás hasta abajo, lo único que puedes hacer es subir.

> Una de las Ted Talks que más me gustan es la de Brené Brown (te la recomiendo mucho, búscala en YouTube), ella es conferencista e investigadora de la vulnerabilidad y la vergüenza. Afirma que todas las personas y empresas buscan la innovación, la creatividad y el cambio, y que estos tres elementos nacen en la vulnerabilidad, de lo cual estoy completamente de acuerdo.

Crear es generar algo donde no existe nada, ¿qué puede haber más vulnerable que eso? Ser vulnerable no es ser débil, significa que te arriesgaste, que algo o alguien te llevó a ese lugar y que ahora estás en el terreno más fértil para encontrar la respuesta para hacerlo mejor.

Sentirte vulnerable es tan duro y tan agresivo contigo que, si lo decides, te hace convertir toda esa pena y dolor, en fuerza y creatividad.

El nivel de vulnerabilidad es directamente proporcional a la fuerza y al impulso que tienes y necesitas para salir adelante. Por eso, una situación crítica te hace salir adelante y adaptarte a los cambios.

Cuando has perdido todo, cuando crees que no hay forma de llegar más abajo, cuando no tienes nada que perder, tu ser se permite experimentar y buscar salidas que jamás hubiera intentado antes; es ahí donde se dan los grandes cambios.

En mi caso, aquella ocasión fue ese caso. Los siguientes dos meses nadie nos llamó y sólo nos enterábamos de todas las fiestas fantásticas que seguían poniendo los *W-tops*. Para nosotros fue tan duro el trancazo de lo que había pasado en esa comida, que después del coraje y la vergüenza nos sentimos sin nada más que perder. Con la guardia abajo se nos aclaró la mente. Me hice una pregunta que ya me había hecho, pero no había contestado honestamente: "¿Qué tienen los famosos *W-tops* que nosotros no tenemos?"

Cuando uno tiene la guardia arriba y la seguridad rebasada, no puede contestar esas preguntas, pero cuando no tienes nada que perder, el ego baja y tienes más claridad para ver la realidad. En ese momento pude encontrar una respuesta real, que antes no me había permitido decirme.

"Ellos pertenecen a ese círculo social. Esas niñas son sus primas, hermanas, novias; nosotros no lo somos y, para ser sinceros, jamás hemos pertenecido a ese grupo."

"Ellos son tres chavos guapos y nosotros, pues no, para qué más que la verdad."

Puede sonar muy superficial, pero era la verdad y esa verdad (que antes jamás hubiéramos aceptado) era uno de los elementos más importantes que hacían que todas las niñas quisieran contratarlos.

Una vez que nos despojamos del ego y nos enfrentamos a nosotros, sin nada que perder, aceptamos qué era lo que **no** teníamos. Así fue más fácil planear qué podíamos hacer.

Yo estudiaba la prepa en el Centro Universitario México (CUM), un colegio solo para hombres (había más de 2 500), así que, aprovechando que la siguiente semana sería la noche colonial, le pedí a mi hermana Heidi y a una amiga que fueran y me dijeran quiénes eran mis amigos más guapos (*obvio*, yo pagué los boletos de la noche colonial de las dos).

Podría parecer una misión muy difícil entre más de 2 500 chavos, pero no lo fue: nunca subestimes a una mujer buscando hombres guapos. En menos de dos horas y quince minutos, teníamos los resultados.

Escogieron a veintidós compañeros que les parecían gua-pí-si-mos. Una vez que tuvieron a los ganadores del certamen Mr. Music Systems, les pedí que redujeran su número a diez. Me dijeron: "¿Estás loco? Es imposible." Bueno, haz de cuenta que se trataba de unos cachorritos preciosos y no querían dejar a ninguno a la intemperie.

Mi intención era tener lo mejor de lo mejor. Una vez que seleccionamos a los diez finalistas, hablé con ellos y les propuse:

—Quiero contratarlos para ir a las fiestas más padres, con las niñas más guapas y bailar con ellas.

—¿Cómo? ¿Y nos vas a pagar?

—Sí.

Creo que uno se desmayó. Ahí nació el grupo de *Music Systems* (así les pusimos, porque eran más divas que las propias niñas). Ya tenía a los galanes, ahora nos faltaban las fiestas que prometí. Para lograrlo les puse las playeras que habíamos impreso, les mandamos a hacer unos gafetes con sus nombres (para que las niñas los ubicaran tipo *Backstreet Boys*) y fuimos a una comida (de paga), donde estaban todas esas niñas.

Cuando entraron a la fiesta todas se congelaron, no había una sola que no los viera, dos incluso se tropezaron (esto fue como veinte años antes que los modelos argentinos y brasileños invadieran nuestro país, así que imagínate el impacto). Total que, muy fresas, muy fresas, pero se les aventaron como leones hambrientos a la carne fresca.

Por supuesto, los mandamos armados: llevaban las tarjetas impresas a cinco tintas y barniz UV. Esa misma noche teníamos cinco fiestas confirmadas. Pero, ¿qué iban a hacer los *Music Systems* en la fiesta?, ni modo que nada más poner su linda cara.

Una vez me fui con mi amigo Lalo Suárez (sí, el de la historia WFM) a un crucero y estando en la disco pusieron una canción que no conocíamos y todo mundo, conocidos y desconocidos, se pusieron a hacer una coreografía parejita (esto también como quince años antes de la "Macarena"), imagínate nuestro impacto. Pregunté al DJ cómo se llamaba la canción, "Electric Boogie", de Marcia Griffiths. Compré el disco y pensé que algún día nos serviría para algo.

Siempre fui bueno para bailar y animar con el micrófono, así que creí que podíamos aprovechar eso. Enseñé a los Music Systems a bailar "Electric Boogie" y una vez que llegamos a la primera fiesta, me di cuenta de que no había nada más atractivo para una mujer que unos galanes, bailando y enseñándoles cómo hacer una coreografía tipo clase de zumba, para que todas bailaran juntas, ah, y un animador con micrófono, normalito, pero bien entrón.

No teníamos tres galanes como nuestra competencia, ahora teníamos diez (escogidos entre 2 500) y habíamos encontrado una dinámica de baile y animación que nadie había hecho antes. Después de eso, tuvimos las fiestas más grandes, famosas e importantes por casi once años.

El momento más vulnerable y difícil nos hizo ser sinceros con nosotros. Nos hizo aceptar lo que no teníamos, desnudarnos para ver nuestros defectos y nuestras carencias, pero al saber esto, también nos dio un gran regalo: nos obligó a buscar lo que sí teníamos, las cualidades que estaban dentro de nosotros y que a nuestros ojos estaban escondidas, pero que siempre estuvieron listas para salir.

No importa si estás montando un negocio, si trabajas en una oficina y las cosas no están funcionando, si eres un emprendedor, una mamá trabajadora, un empresario, un desarrollador de una *startup* o un estudiante; sé sincero contigo: ¿Qué no haces bien?, ¿qué no tienes?, ¿qué cualidad necesitas en tu vida o te hace falta? Una vez que la descubras, una vez que la aceptes, será mucho más fácil seguir adelante, porque no puedes arreglar algo que no sabes qué es; porque no puedes encontrar algo que no sabes que estás buscando.

Piensa en esto: tener una carencia no está mal, todos las tenemos, absolutamente todos, no te sientas mal por no tener una habilidad en algo o no ser buena para tal o cual cosa, eso es lo normal. Lo que en realidad no nos deja avanzar es no aceptar nuestras limitaciones.

Una de las características que tienen todos los y las grandes líderes es que no niegan la realidad. Quieren saber lo que pasa lo más rápido posible para saber cómo enderezar y mejorar las cosas.

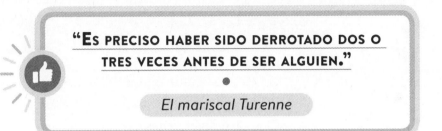

> **"ES PRECISO HABER SIDO DERROTADO DOS O TRES VECES ANTES DE SER ALGUIEN."**
>
> *El mariscal Turenne*

Podemos ser malos para unas cosas, como somos buenos para otras. Algunas deficiencias las podemos mejorar, aprender y superar, y las que de plano no podemos, tendremos que aceptarlas y no perder tiempo en ellas. Buscar todo con lo que sí cuentas. Agárrate de tus fortalezas y perfecciónalas lo más que puedas.

Todas las personas que admiras han pasado por ahí, todas las personas que han logrado algo se han enfrentado a sus defectos y los aman, porque gracias a ellos han descubierto lo más maravilloso de sus vidas: sus cualidades.

Busca cuáles son las tuyas, cuáles son tus armas, tus mejores herramientas. Nunca dudes de ti, porque en tu interior hay mucho, mucho más de lo que te imaginas, sólo tienes que estar dispuesto a buscarlo y a dejarte ir con todo el corazón, porque dentro de ti hay alguien mucho más grande de lo que puedes imaginar. Confía en la persona que siempre te será fiel: tú.

> **"**
> La repetición
> es la madre de la
> destreza.
> **"**

PERSISTENCIA

Un día me estaba quejando de un proyecto que iba arrancando en televisión. Que si eran muchas horas, que tenía que viajar mucho, que los textos estaban difíciles, que había que aprender muchas cosas nuevas, que la competencia estaba muy dura. Jamás olvidaré lo que me dijo mi terapeuta:

—No friegues , quieres llegar a la cima de la montaña, pero quieres que el camino esté pavimentado y con una jardinera llena de flores en cada lado.

Me paró en seco.

—Si el camino hacia la cumbre estuviera pavimentado, todos estarían ahí, y ése no sería el lugar más alto. Llegar a ese tipo de metas requiere de mucho esfuerzo y persistencia. Pides y quieres cosas, pero no estás dispuesto a pagar el precio.

Tenía razón. A veces le pedimos cosas a la vida, al universo, a la virgen de Guadalupe y hasta ponemos de cabeza a ciertos santos (pobre san Antonio, qué culpa tiene), pero no estamos dispuestos a trabajar y ser persistentes para lograr las cosas.

La persistencia es la firmeza y la constancia cuando hacemos algo. En todas las metas hay problemas y obstáculos que serán los pretextos perfectos para abandonar la tarea y dejar todo. Amamos esas excusas, porque *supuestamente* te dan una razón para dejar de hacer el esfuerzo, descansar, volver a quejarte, abandonar las cosas y perder. La persistencia es una razón para ganar.

Hay que seguir, intentarlo, practicar todo lo que se pueda para que salga bien. No es el secreto de la corona, ni el Santo Grial, ni el trono de *Game of Thrones*, es más sencillo: entre más repites algo, mejor lo haces; entre más lo evitas, pierdes más experiencia.

La repetición es la madre de la destreza. Más que realizar cosas extraordinarias, es hacer algo mucho más sencillo, pero hacerlo todos los días, ser constante, no desistir.

> ## "EL ÉXITO ES LA SUMA DE PEQUEÑOS ESFUERZOS QUE SE HACEN DÍA TRAS DÍA."
>
> ●
>
> *Robert Collier*

Normalmente tenemos muy poca tolerancia cuando fallamos en algo, por más mínimo que sea. Me gusta mucho la propuesta del libro *Finish*, de Jon Acuff: el mayor depredador de la perseverancia es la perfección; queremos ser tan perfectos en nuestros objetivos que cuando fallamos en lo más mínimo abandonamos las cosas de inmediato.

Por ejemplo, cuando se hace una dieta, generalmente se empieza muy bien (y digo "generalmente" porque también hay quien la rompe el día uno valiéndole un pepino), pero hay gente que la hace unos días perfecta y el día que se come un pastel, unas papas fritas callejeras con salsa valentina o se puso medio chachalaco, pipa, jarra, empinó el codo, o sea, borracho y en su jarra-cruda se empacó dos platos (rebosaditos) de chilaquiles, al día siguiente, deja la dieta y se derrota. Es un pretexto perfecto para frenar el esfuerzo que estamos haciendo, lo que dice Acuff es que no debe ser así, que rechacemos la idea de que el día después de ser perfecto significa que fracasaste. Eso no es cierto. Es un día normal donde flaqueaste (bueno, en este caso, más bien *gordeaste*), pero eso no significa que pares, todos los humanos somos falibles. El problema no es fallar, sino agarrarse de ahí para rendirse. Si lo piensas, sólo perdiste un día o, en el mejor de los casos, sólo una comida, no perdiste todos los días que llevabas haciendo la dieta, así que no hay razón por la cual aniquilar todo. Es cuando necesitas tu persistencia, es cuando se divide la carretera entre los que llegan a su objetivo y los que se regresan. Y así pasa en todos los objetivos que nos ponemos: queremos llegar, siempre y cuando el camino esté pavimentado, como me decía mi terapeuta.

Ese ejemplo de la dieta funciona con todo. Piensa en cuántas cosas has abandonado porque fallaste un día y encontraste un pretexto perfecto para parar. Además, cuando te pones un objetivo, haces una promesa secreta contigo (y luego no le queremos decir a nadie, para que no nos echen en cara que fallamos), el problema es que cuando la rompes, quizá no se den cuenta tus amigas, pero le fallas a la persona con la que estás más tiempo, te fallas tú. El mayor problema es que si rompes suficientes promesas, dejas de confiar en tu persona. Por eso, persiste en persistir, te aseguro que eso hará toda, toda, toda la diferencia.

> ## "TU PERSISTENCIA ES LA MEDIDA DE TU FE EN TI."

TU CEREBRO ES UNA MEGACOMPUTADORA, PERO NADIE TE DIO LAS INSTRUCCIONES

Tuve la fortuna de platicar con el psicoterapeuta y maestro en hipnosis clínica, Armando Franco, uno de los doctores que más fobias, miedos, adicciones, huellas de abandono y limitaciones ha eliminado en este país. Son muchos los deportistas, empresarios y políticos que ha empoderado para cumplir sus metas. Todo con el poder de la mente. Así que prepárate para recibir el instructivo.

La vida es un misterio. Estás de acuerdo que no sabemos qué va a pasar mañana, por lo tanto, no lo podemos controlar. Lo único que podemos controlar es la actitud y los pensamientos que tengamos en estas situaciones.

Cuando enfrentamos un problema, de inmediato nos enfocamos en él, al respecto, el doctor Franco piensa que eso es lo peor que podemos hacer, porque nuestra mente va directamente adonde nos enfocamos.

Digamos que un piloto de Fórmula 1 viene manejando y de repente se le poncha una llanta. Al sentir el auto desbalanceado sabe que algo está mal y empieza a perder el control del vehículo. Si voltea hacia la pared de contención, ¿adónde crees que terminará? Exactamente: estrellado en la pared de contención. Lo que hace un piloto profesional es voltear y enfocar la mente y la mirada en el camino, hacia el frente. Eso hará que pueda controlar el coche, dirigirlo y salvarse. Una vez más: nuestra mente va directamente adonde nos enfocamos.

Para la mente, a un nivel inconsciente, es lo mismo pensar que hacer, o sea que no distingue la diferencia entre lo que piensas y lo que haces, qué impresionante, ¿no? Por eso es tan importante lo que piensas. Ahí te va otro ejemplo.

Cuando piensas en alguna comida que te encanta y que disfrutas muchísimo, ¿qué pasa? Empiezas a salivar, ¿estás de acuerdo? Tu cerebro no distinguió si es real o imaginado. Por eso es tan importante enfocar tu mente en cosas positivas que te empoderen y, por supuesto, entre más constante sean estos pensamientos, mucho mejor.

Si tu mente se enfoca en cosas positivas, tu inconsciente empieza a buscar soluciones y caminos para lograrlas, soluciones que no habías pensado antes. Digamos que sabes que te van a correr de tu trabajo. Súuuper problema, ¿estás de acuerdo? Tienes de dos: si piensas que el próximo lunes te van a correr y te enfocas en lo negativo, vas a pensar: "¿Cómo pagaré la renta del siguiente mes?, ¿cómo me van a dar trabajo sin carta de recomendación?, ¿qué voy a decir en mi casa?"

¿Y sabes qué? Todo eso pasará, porque estás enfocando tu mente, precisamente, en lo negativo.

Pero si te enfocas en lo positivo, en la solución, tu mente genera otro patrón completamente distinto.

"¿Qué será lo que le molesta a mi jefe? Lo voy a hablar con él y lo voy a cambiar. Voy a aceptar los errores que he tenido y me voy a comprometer a hacer un cambio. Estoy seguro de que lo puedo hacer mejor. Fue un malentendido, voy a ver qué evidencias tengo para explicar las cosas."

Hay una gran posibilidad de que las cosas mejoren, porque, como te decía, cuando piensas en positivo, tu inconsciente empieza a buscar soluciones; pero cuando tu mente se enfoca en negativo, hace todo lo contrario.

Aunque tu problema sea algo muy fuerte como perder a un ser querido, caer en bancarrota (o sea, quedarte sin un quinto, como decía mi abuelita), terminar con al amor de tu vida, perder un proyecto por el que has trabajado mucho, divorciarte, extraviar a un hijo en la vía pública, reprobar las materias de la universidad o perder toda tu inversión en algún emprendimiento, pensar en positivo hará toda la diferencia.

Sé que en algunos casos es muy difícil hacerlo, sobre todo en los que son personales o muy dolorosos, pero cuando te enfocas en las soluciones, en lo positivo, activas los mecanismos de tu inconsciente y tu mente (tu megacomputadora) generará ideas y estrategias que te llevarán adonde quieres, aunque no tengas la menor idea de qué hacer o de cómo solucionar algo. Si enfocas tu pensamiento en positivo, tu mente encontrará respuestas.

El doctor Franco me dice que el poder de la palabra es enorme, que decir las cosas, repetirlas y decretar, sí funciona, pero debes sostenerlo con una emoción, debes sentirlo, pero todo esto no funciona solo, tienes que ponerte en acción.

No puedes quedarte sin chamba y sentarte en tu casa a pensar positivo para ver en qué momento te tocan el timbre para ofrecerte un trabajo, medio tiempo, sueldo ejecutivo, reparto de utilidades, bono de puntualidad, prima dominical, cinco semanas de vacaciones y hasta canasta navideña. **NO**, así no funciona. Tienes que enfrentar el problema, enfocar tu mente en positivo, salir a buscar chamba y, mientras eso pasa, tu inconsciente te empezará a dar ideas, opciones y alternativas que nunca habías pensado, para mejorar todo. Quizá te vuelves independiente, te asocias con alguien de tu extrabajo o te

Pensar en positivo aclara hasta los lugares más sombríos.

conviertes en proveedor de la empresa para la que antes trabajabas. Una opción que es mucho mejor de lo que habías pensado.

Así que la próxima vez que estés en una situación complicada, piensa positivo, pero algo aún más importante, piensa positivo en todo lo que hagas, no importa si es un problema o un nuevo proyecto. Lo importante es siempre dirigir tu mente a las metas y los objetivos que quieres lograr.

¡Suerte con esta nueva instrucción realmente importante!

5

¿Quieres ir a Corea? —me preguntó un día mi amigo Roberto.

—Claro, ahora sí que hasta la pregunta ofende.

Yo amo viajar, es de las cosas que más disfruto en la vida. Soy de esos que si me mandan a la chingada, me voy puebleando.

La compañía automotriz Kia me invitó a Seúl, en Corea del Sur, porque iban a traer la marca a México y querían que algunas personas de los medios la conociéramos, además de la cultura del país.

Me sorprendió la forma de pensar de los coreanos. Estuvieron bajo el dominio de Japón hasta 1945, por lo que hace muy pocos años tuvieron que volver a armar y a diseñar su país casi de cero. Una vez que fueron independientes se preguntaron ¿qué tenemos?, ¿en qué nos podemos basar para nuestro desarrollo?, ¿gran economía? Evidentemente, no. ¿Recursos naturales? No. ¿Las mejores playas y sitios turísticos? No. ¿Gran posición geográfica? No. Se dieron cuenta de que no contaban con muchos recursos. Por lo que se preguntaron cuáles eran sus verdaderas fortalezas, y lo único que tenían era: su gente.

Tenían gente noble, trabajadora y con una gran actitud, así que decidieron enfocarse en esa fortaleza. Me encantó esa forma de pensar. Los coreanos decidieron enfocarse en ellos. En el momento de arranque, la mayoría de la población estaba abajo del promedio en muchas áreas y decidió trabajar muy fuerte en la investigación y el desarrollo de la neurociencia, para aplicar todos sus avances y descubrimientos en ellos. Decidieron apostar por el desarrollo personal.

Valoraron la estimulación temprana de los bebés, aún antes de nacer, y empezaron a trabajar en la siguiente generación. Cuando una mujer se embarazaba en Corea, tenía que aprender varios idiomas y practicarlos en voz alta para que el cerebro del bebé se estimulara desde el útero. También leían por lo menos cinco libros durante los nueve meses y escuchaban cierto tipo de música. Por su lado, el papá le leía al bebé varios libros, le platicaba en voz alta y aprendía sobre diferentes temas, siempre buscando que el bebé, aún no nacido, escuchara estas lecciones (mientras a otros papás nos daba toda la pena del mundo hablarle ¡al ombligo de la mamá!).

Fue tanta la estimulación que le dieron a sus próximos ciudadanos, que nacían entendiendo varios idiomas y con unas cualidades impresionantes. Casi casi nacían con título universitario y licencia para manejar tráilers (quizá no lo sabes, pero son las licencias más difíciles de sacar).

En las mejores universidades del mundo tuvieron que bajar el porcentaje de admisión de los coreanos, porque eran tan altas sus calificaciones y su desempeño, que movían todos los parámetros de la universidad, al grado que hacían ver a muchos de los mejores estudiantes como niños de kínder jugando en el arenero.

Hoy en día, los coreanos del sur entran a trabajar muy temprano, no pierden un solo segundo de su tiempo laboral (nada de Face ni de ir al Oxxo), comen en corto tiempo, salen a cenar y regresan a trabajar hasta altas horas de la noche. Corea del Sur tiene la jornada laboral más larga del mundo hasta hoy.

Antes de que esto empezara, Corea del Sur no figuraba ni siquiera en la lista de las setenta mejores economías del mundo; hoy se ubica en los primeros lugares y cuenta con las compañías con mayor desarrollo, innovación y tecnología del mundo. Todo en poco más de cincuenta años.

Creo que ese país es un gran ejemplo de cómo ubicar y trabajar en tus fortalezas. Todos tenemos fortalezas, sólo debemos ubicarlas y trabajarlas lo más posible.

> **"Trabaja en tus debilidades hasta que se conviertan en tus fortalezas."**
>
> •
>
> *William Gallas*

Ahora, contesta las siguientes preguntas:

1 ¿Cuál es mi súper poder, en qué soy muy bueno?
2 ¿Normalmente cómo sorprendo a los demás?
3 ¿Qué trabajo haría sin que me pagaran ni un peso/dólar/quetzal guatemalteco?
4 ¿Qué me impulsa a hacer las cosas mejor?
5 ¿Qué me apasiona?, ¿de qué hablo todo el día?
6 ¿Qué puedo ver mejor que otros?

Después de contestar las preguntas, estoy seguro de que tendrás más idea.

A veces, sólo basta con echarte un clavado en tu interior y pensar un poco para saber cuáles son tus cualidades y empezar a usarlas a tu favor. Otras veces puedes encontrarlas junto a tus carencias o tus defectos de fabricante, como quieras llamarles.

Cuando estaba chavo (ya hace bastante), me costaba mucho trabajo la escuela, y no porque no me gustara, lo que se me dificultaba era aprenderme las cosas. Siempre he sido una persona muy distraída, me disperso porque vuela la mosca, el mosquito y cualquier pelusa volátil que ande por ahí. Mientras mis compañeros estudiaban dos horas para salir bien en un examen, yo tenía que estudiar seis por lo menos. ¡Imagínate qué friega!

Casi toda la secundaria y prepa estudiaba toda la tarde, me levantaba al otro día a las 4:30 a.m. para seguir repasando. Por un lado, fue muy molesto, pero, por otro, ese problema para concentrarme me enseñó una de mis mayores cualidades y fortalezas: aprendí a ser muy constante, muy tenaz y muy machetero.

Ahora puedo decirte que tengo muchos defectos, pero nunca ser flojo. La vida me puso en una situación donde no me quedó de otra que aprender a ser muy persistente y muy chambeador, te puedo decir que esa es una mis fortalezas más grandes. Esa cualidad me ha ayudado a lograr muchas cosas y jamás la hubiera desarrollado si no fuera por mi alto, muy alto nivel de distracción.

¿Ves cómo la mayoría de las veces todo lo malo trae algo bueno? Por eso **hay que buscar lo mejor de lo peor** en cualquier situación. Así que piensa cuáles son tus cualidades, tus fortalezas, tus súper poderes, porque todos los tenemos, pero si no los conoces, no hay manera de que los uses a tu favor.

¿Te imaginas a Superman sin saber que puede volar? Pidiendo todos los días su Uber para llegar adonde están los malhechores y preocupado porque el Waze ya le subió quince minutos y no alcanza a llegar a la balacera, ¿está difícil, no?

Piensa cuáles son tus fortalezas, porque las vamos a necesitar para el final de este libro y para el resto de tu vida.

¿QUÉ GEMELO ES MEJOR QUE EL OTRO?

Te imaginas a dos gemelos, mismos rasgos, misma altura, mismo corte de pelo, mismos bíceps (esto último fue para que las mujeres piensen en otro tipo de gemelos) y misma ropa. ¿Quién es mejor que el otro?

A simple vista parecen iguales, ¿verdad?, pero esa respuesta depende de otras dos preguntas: ¿en qué son diferentes?, y ¿qué cualidades tiene cada uno? A este punto es a donde quería llegar.

Las fortalezas de los gemelos son las que los hacen distintos. Si hay uno "mejor" que otro en algún aspecto, será por sus cualidades y por los elementos que los diferencian.

¿Cuántos restaurantes hay de hamburguesas rápidas? Piensa en McDonald's, en Burger King y Carl's Jr., por ejemplo. ¿Cuál está más limpio? ¿Cuál tiene el mejor logotipo? ¿Cuál da el mejor servicio? ¿Qué restaurantes están más bonitos? ¿Cuál tiene juegos para niños?

Está difícil tener una respuesta a estas preguntas, ¿verdad?, ¿sabes por qué? Porque la competencia ha sido tan fuerte y tan frontal, que sus servicios, instalaciones y facilidades son buenísimas, sí, ¡las de los tres! Se han perfeccionado y han trabajado tanto, que han llegado a un nivel de excelencia muy difícil de mejorar. En ese aspecto, ya no hay mucho que hacer. Es por eso que, para ganar más y mejores clientes, tienen que desarrollar diferentes cualidades, fortalezas y diferenciadores.

Uno da las hamburguesas más rápidas y baratas para gente que tiene prisa; otro las sirve no tan rápidas, pero más ricas porque son al carbón, y en el otro son más tardadas, pero son *semigourmet* y la carne es de mejor calidad.

¿Sabes cuál es cuál? Seguramente sí. McDonald's las rápidas, Burger King al carbón y Carl's Jr., las *gourmet* de ese segmento. Eso se llama **reingeniería**. Llegaron a estar tan parejas en su competencia y en su servicio, que tuvieron que buscar diferenciadores, es decir, cualidades distintas para llamar la atención y captar a sus propios consumidores. En el camino se quedaron muchos otros negocios de hamburguesas que no supieron hacerlo y, pues, tronaron como ejotes, bueno, más bien, como hamburguesas.

¿Cuál es tu reingeniería? Si estás compitiendo en tu oficina (artillería directa cubículo vs. cubículo), en tu negocio, en la escuela, en tu casa, en un deporte, en tus logros personales, en las citas amorosas, ¿cómo te vas a diferenciar de los y las demás?

> **"Sé diferente para que la gente te pueda ver con claridad entre la multitud."**
>
> •
>
> *Mehmet Murat Ildan*

Si ya sabes cuáles son tus cualidades, si ya sabes lo dura y pareja que puede ser la competencia en muchos aspectos, es momento de que busques en qué vas a ser diferente, en qué puedes ser más original y ofrecer algo que los demás no tienen, en qué vas a llamar la atención de otra manera, para que seas tú a la persona que promuevan, premien o besen, en lugar de a las otras. ¿Me explico?

Hoy la competencia es tan fuerte en todooooooo, que tenemos que agarrarnos con uñas, dientes y hasta cayos de los pies de nuestras fortalezas y cualidades, y una vez que estemos más cimentados que senador en su curul cobrando la vacaciones, debemos definir qué haremos diferente a todos los demás para ofrecer un extra.

En la actualidad no basta con ser bueno, hay que ser diferente, hay que ser innovador, hay que dar más, hay que conquistar de nuevas maneras, hay que inventar nuevas estrategias y plataformas, hay que ser el mejor gemelo.

EL OTRO ROLLO DE *OTRO ROLLO*

El helicóptero de la entrada del programa rotulado con el nombre de Adal, los coches que volteábamos en el aire mientras estallaban en fuego, utilizar la montaña rusa de Chapultepec durante nueve días seguidos para regalar un coche al que más vueltas aguantara, contar con un avión especial para hacer la primera rueda de prensa a diez mil metros de altura... Y no teníamos ni un peso.

Para qué más que la verdad. Mucha gente pensaba que *Otro rollo* era un programa con muchísimo presupuesto, que el señor Emilio Azcárraga nos cumplía todos nuestros caprichos y que, en lugar de caja chica, teníamos caja grande, muy grande.

La verdad sea dicha: nada de esto era cierto. La mayoría de las cosas las conseguíamos con favores, intercambios, negociaciones y hasta haciéndole manita de puerco a nuestros padrinos de primera comunión para que se mocharan con algo.

Mucho de lo que conseguimos para ese programa fue gracias al esfuerzo de todo el equipo de producción (éramos nueve personas) y de Adal Ramones, Lalo Suárez y de un servidor, los productores del programa. Por ejemplo, la primera entrada, los productores la pagamos de nuestro dinero, el helicóptero nos lo prestó un amigo que era piloto y lo fregamos tanto que un día lo hizo, con la condición de que pagáramos la gasolina y dejáramos de molestar.

Un día, Lalo y yo nos enteramos de que a un amigo de la prepa, Arturo López Gavito, lo acababan de nombrar director de EMI Music México. No lo podíamos creer, estaba bien chavo y ya tenía un puestazo impresionante.

Mucha gente conoce a Gavito por ser crítico en programas musicales como *La Academia* de TV Azteca y muchos trabajos más, de hecho, habíamos trabajado juntos en WFM. Desde muy joven había sido una persona muy brillante y trabajadora, dicen que lo que se ve no se juzga, así que no era una casualidad que tuviera ese lugar, lo que sí era una casualidad es que fuera nuestro amigo.

Nos animamos a pedir una cita con él y nos la dieron, pues, ¿cómo no?, era nuestro amigo, nuestro *brother*, nuestro pana, nuestro valedor, nuestra sangre. Llegamos a la oficina, Lalo y yo no podíamos creer que tuviera una secretaria y una recepcionista sólo para él. Nos anunciamos, la señorita nos hablaba de usted. De un segundo a otro pasamos de ser unos post-universitarios a todos unos *dones*.

"Pase usted don Yordi", "No amigo, cómo cree, por favor, pase usted, don Lalo."

Entramos a la oficina. Era gigante, remodelada, doble altura, muebles nuevos, estaba impresionante. Creí que era un espacio que después iban a convertir en cubículos godinezcos, tipo caballeriza, y pues no, con los años aprendí que así son las oficinas de los jefes muy jefes.

Nos saludamos con mucho cariño, nos reímos un rato, platicamos, seguimos riendo, seguimos platicando, hasta que la cara de Arturo sutilmente nos decía, "¿A qué carajos vienen?" Ante esa delicada insinuación, me dispuse a preguntar:

—Amigo, ¿eres director de EMI, no?

—Sí.

—Y EMI tiene a los *Backstreet Boys*, ¿verdad?

—Sí.

—Pues, queremos que los lleves a *Otro rollo* y ya. No te quitamos más tu tiempo.

Bueno, Arturo soltó una carcajada que creo que hasta su secretaria que estaba a kilómetros de distancia la escuchó.

—¿Cómo creen eso? ¿Están locos? —había sido mucho más amable cuando platicábamos y reíamos, platicábamos y reíamos.

—¿Qué? ¿Por qué o qué?

—Pues porque yo también los quisiera, pero eso no va a suceder. Ahorita son una locura en Estados Unidos, después van a ir Londres, por toda Europa, quizá a Asia, pero ni de broma a México. Ahora sí me hicieron reír.

Por alguna extraña razón nosotros no reíamos en ese momento.

—Bueno, pero estás de acuerdo que, si vienen a México, ¿tendrían que ir a *Otro rollo*?

—Pues, sería una de las opciones.

—Perfecto, entonces prométenos que, si vienen a México, los vas a llevar a *Otro rollo*.

—Pero es que no van a venir.

—Bueno, sólo si llegan a venir.

—Pero **no** van a venir.

—Bueno, en el remoto caso que vinieran, sólo comprométete con nosotros para llevarlos.

—Pero es que no van a venir.

—¡Carajo!, si no van a venir, entonces, ¿por qué te preocupa prometerlo? —me prendí, para qué más que la verdad.

—Ok, ok, tranquilo. Les prometo que si vienen, los llevamos a *Otro rollo*.

—Pero dame la mano.

—Ah, jajajaja, ¿de caballeros y todo? Va.

Y nos dio la mano, burlonamente, pero nos la dio.

—Ah, también a Britney Spears.

Gavito se rio todavía más fuerte, pero nos volvió a dar la mano.

—Jajaja, ok, ándenle y a Britney Spears también.

Salimos felices de nuestra reunión de "negocios". Llegamos a nuestra oficina en Altavista (porque no teníamos oficina dentro de Televisa San Ángel) y sentados a la mesa de doble uso fabricada finamente con aglomerado y melamina ponderosa, comenzamos a planear los siguientes programas. Planificamos muchos programas porque la espera fue de más de dos años. Un día llegó Lalo y me dijo:

—¿Ya sabes?

—No.

—Vienen los *Backstreet Boys* a México.

Bueno, casi le hacemos un hoyo al piso de tanto brinco. Celebramos, nos abrazamos, gritamos, todo el kit básico del mexicano alebrestado. BSB en México, estábamos felices. Lo primero que hicimos fue ir a ver a Gavito. Cuando entramos a su oficina, nos dijo:

—¡Cabrones!

Nos reímos mucho y le contestamos:

—¿Ahora sí listo para llevar a los *BSB* al programa?

—No podrán ir.

Hicimos la misma cara que estás haciendo ahorita.

—¿Queeeeeeé? Pero tú nos lo prometiste, nos diste la mano y todo.

—Sí, sí, sí, pero el problema es que yo no los traigo.

—¿Cómo?, ¿no eras tú el papas fritas, el jefe de jefes, o sea, el chingón de esta compañía?

—Sí, pero no vienen con la disquera, los trajo una empresa privada que se llama Ocesa, sólo darán un concierto. No tenemos control sobre ellos.

—No se vale, habías quedado —empezamos a rogar en modo Chavo del 8—, porfis, namás tantito, ándale, ¿sí?

—Yo sólo los tengo dos horas para una rueda de prensa, si quieren les puedo dar un *junket*.

—Aaaaaaah, ¡padrísimo!, ¿qué es eso?

—En el lugar donde va a ser la rueda de prensa, ponemos unas sillas, un fondo bonito y ahí los pueden entrevistar diez minutos.

—¿Sólo nosotros?

—Durante esos diez minutos sí, luego entra otro medio de comunicación y les toca a ellos. Tenemos espacio para diez junkets.

Lo pensé como cuatro segundos y contesté:

—No nos funciona.

—¿Cómo? Les estoy dando lo que querían, a los *Backstreet Boys* y me dices que no los quieres.

—Es que así no nos funcionan, vamos a tenerlos en el mismo lugar que los van a tener todos. La idea es que vayan a nuestro programa, que seamos el primer programa en tener ese tipo de invitados internacionales, que estén en nuestra escenografía y podamos jugar con ellos. ¿Cómo vamos a distinguirnos de los demás programas si no hacemos algo que sea innovador y que sorprenda a todos? Esa es la idea.

—Ah, pues qué padre su idea, pero no se puede.

—¿Y si nos das dos *junkets*?

—¿Cómo? No entiendo.

—Si nos juntas dos espacios y nos das veinte minutos en total.

—Y, ¿cuál va a ser la diferencia?

—Que podemos conseguir un helicóptero, los subimos aquí en el hotel de Polanco donde van a estar, los volamos a Televisa a hacer el programa en nuestro foro y luego te los regresamos. ¿Zas?

—Pues si les da tiempo, sí. Sólo pido el permiso para que vuelen y adelante.

¡Habíamos encontrado la forma de hacerlo! Salimos felices. Llegamos a la oficina y le marqué a mi amigo el piloto, le platiqué nuestro plan y me dijo:

—Imposible.

Nos explicó que solamente entre el despegue y aterrizaje serían como quince minutos, por el asunto de las aspas, los permisos de aeronáutica civil, la seguridad, los accidentes y no sé qué tanta cosa sin importancia.

El escenario para el éxito ¡lo creas tú!

Total que esa idea valió. Nos deprimimos horrible. Nos pusimos a pensar en la manera de resolverlo: "Y si rentamos un salón del hotel, llevamos la escenografía y hacemos el programa sin que ellos salgan de ahí", pensé. ¡Claro! Eso resolvía todo. Por fin entendía cómo aplicaba la frase de "Si la montaña no viene a Mahoma, Mahoma va a la montaña", sólo que, en esa situación, en lugar de Mahoma eran los *Backstreet Boys*.

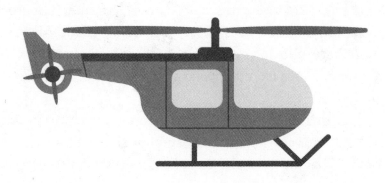

Le llamamos a Arturo para decirle el cambio de planes y casi nos clava su finísima pluma Montblanc vía telefónica, ya estaba hasta el gorro de nosotros. Para él, esto era también una visita muy importante y le estábamos quitando demasiado tiempo. Pero cuando nos dio su visto bueno, marcamos al hotel Four Seasons de Reforma, que era el lugar donde se hospedarían.

—Hola, señorita, habla el señor Yordi Galo Rosado Álvarez, estoy aquí con el señor Eduardo Armando Suárez Castellot.

"¿Me puedes explicar —estarás pensando, querido lector— por qué dijiste los nombres del acta de nacimiento de los dos?" No lo sé, creo que era la primera llamada que hacía a un lugar tan formal.

—Queremos rentar un salón para este día. ¿Cómo?, ¿ya no tiene? No, por favor, señorita, no nos haga esto, se lo pedimos el señor Suárez y el señor Rosado, hincados en el piso (creo que esa frase sobraba).

Nos explicó que uno estaba apartado, pero que aún no habían dado el adelanto correspondiente.

—Nosotros se lo damos en este momento, señorita. ¿Sí se puede? Claro, por supuesto que sí, cuente con ello.

De lo contrario, nos dejaríamos de llamar Eduardo Armando Suárez Castellot y Yordi Galo Rosado Álvarez.

—Claro que sí, ¿cuánto es? ¿Cómo? ¿Noventa y seis mil pesos? Ah, ok, ajá, ¡¡¡aaaaah!!! Incluye el servicio de alimentos.

No, nosotros ya llegaríamos comidos, señorita. Ah, que no importa si no los consumimos, es parte del servicio. Y hay un servicio de café y galletas, perfecto, es que nosotros no tomamos café. Ah, que de cualquier manera se monta el servicio, ah, ok.

En ese momento tuvimos que pagar el sesenta por ciento para apartar la fecha. Gracias a Dios, Lalo tenía dos tarjetas de crédito y yo una de débito y entre los tres llegamos rayando al porcentaje pactado. Nos dolió tanto el pago, que yo estaba planeando casi casi llevar tuppers para el famoso "servicio de alimentos".

Tres días antes de la entrevista, fuimos Lalo y yo a ver el salón. Cuando entramos al Four Seasons, nos sentíamos como pavorreales, nunca habíamos comprado nada de noventa y seis mil pesos. Me ofrecieron un café y dije ¡claro!, ahora me los tomo todos, ¡pues si ya los pagamos!

Nuestro salón (porque era nuestro, por ocho horas, pero nuestro) era el Salón Terrazas. Caminamos hacia la entrada del salón, yo venía platicando con la encargada de banquetes, con todo el respeto y la elegancia que noventa y seis mil pesos te pueden dar. Cuando entramos, lo vi precioso, impecable, perfecto. Lalo me tocaba en el hombro:

—Espérame, estoy viéndolo.

—Yordi.

—Permíteme, amigo, estoy viendo el lugar.

—Amigo...

—Que me esperes, porfa.

—Yordi, es que está muy chico el salón, no cabe la escenografía.

—¿Queeeeeé?, ¿estás seguro?

—Sí, completamente.

—Me estás haciendo una broma, ¿verdad?

—No, amigo, no hay manera de que quepa la escenografía.

Lalo tenía razón, el Salón Terrazas era el más chico del hotel, tenía el techo muy bajo y, por si fuera poco, no tenía ¡terrazas! Era de esos salones para hacer talleres y cursos para público muy reducido, pero dentro de todo el acelere y la falta de experiencia, nunca lo revisamos. Un programa de televisión necesita mucha altura para montar la escenografía y para colocar las luces.

En el hotel las reglas eran muy claras: no había reembolsos, o sea que estábamos perdiendo un dinero que todavía no sabíamos cómo lo juntaríamos.

Salimos tristísimos, me acuerdo que prácticamente iba arrastrando los pies. Toda la seguridad con la que habíamos llegado se fue a la basura, yo iba con la cabeza agachada. Mientras caminábamos hacia el coche, le comenté a Lalo:

—No puede ser, tuvimos la oportunidad de conocer a Gavito, le pedimos a los *Backstreet* antes que nadie, esperamos dos años a que vinieran, conseguimos que nos dieran el doble de tiempo en el *junket*, pensamos en lo del helicóptero, rentamos el salón y, al final, no lo logramos. ¡No puedo creer que estuvimos tan pero tan cerca y no lo logramos!

Lalo me contestó:

—¿Y si hacemos la escenografía chiquita?

—¿Cómo?

—Sí, mira, hacemos la escenografía a escala, ponemos la sala del tamaño real y montamos las cámaras en un ángulo específico para que se vea todo del tamaño verdadero.

—¿Estás seguro de que eso se puede?

—No.

—Entonces, ¿por qué lo dices? Me vas a matar de un infarto, ¿dónde viste eso?

—En un detrás de cámaras de una película.

—No juegues, ¿y cómo sabemos que va a funcionar?

—Pues, de cualquier manera, debemos intentarlo, ya no tenemos nada que perder.

Tenía toda la razón, así que lo hicimos, mandamos a hacer la escenografía chiquita y cuando la montamos quedó perfecta, se veía impresionante el efecto que hacían las cámaras, no lo podía creer.

Cuando llegó el día, Gavito me presentó a los *Backs* (cada vez digo más corto su nombre) y, a diferencia de todo lo que había pensado sobre saludarlos, platicar e intercambiar puntos de vista, nada más les dije: "A ver, sólo tenemos veinte minutos y no puedo perder ni un segundo, así que agárrense de la mano como niños de kínder y vamos todos para allá."

Habíamos instalado en un pedacito del salón de la rueda de prensa, las escaleras de tamaño real de *Otro rollo*. Llegamos ahí, les pedí que bajaran de ellas y que saludaran hacia la cámara, como si hubiera mucha gente, después lo editaríamos y parecería real.

Cuando entraron a la miniescenografía se quedaron maravillados.

—¡Aaaay! qué lindo, como el pequeño mundo de Disney.

—A ver, niños (de la calle de atrás), no tengo tiempo de sus cursilerías, entren ahí y los va a entrevistar el conductor del programa, se llama Adal Ramones.

Adal hizo una gran entrevista, como era su costumbre. Se realizó una dinámica con una caja de toques, donde los hizo hablar español (¡¡¡toques, toques!!!) y al minuto 19 con 45 segundos se estaban parando para su siguiente *junket*.

Nosotros utilizamos las tomas de la miniescenografía, editamos las escaleras, metimos los aplausos de la gente (que nunca estuvo ahí) y sacamos al aire la entrevista. Televisa nos pagó los noventa y seis mil pesos del salón.

La entrevista fue un éxito rotundo, la gente estaba impresionada de que *Backstreet Boys* hubieran ido a *Otro rollo*, pero la realidad es que nunca fueron. Espero no haberte partido el corazón en este momento.

Aprovechando que ya teníamos la miniescenografía y viendo que el famoso Salón Terrazas era el más barato del hotel, hicimos lo mismo con Britney Spears (siempre sí pudimos) y con Will Smith. La respuesta de la gente fue extraordinaria.

Después de estas tres entrevistas, las disqueras y las distribuidoras de películas estaban tan contentas con los resultados, que separaban cuatro horas de la agenda de cada artista para que fueran a Televisa San Ángel a presentarse en *Otro rollo*, era el único programa de televisión al que iban.

Tuvimos a muchísimos invitados, desde Sylvester Stallone, Arnold Schwarzenegger, Christina Aguilera, Robbie Williams, Cameron Diaz, *Coldplay*, *Bon Jovi*, *NSync* y Ricky Martin, hasta Maradona y Elton John. Más de 180 invitados internacionales, tres grabados en el hotel y el resto en nuestro foro.

Esa fue una gran lección para nosotros. Recuerdas que cuando te hablé del tema "A cinco barrancas del paraíso", te comenté de los errores que debemos de cometer antes de lograr algo. En este caso, los cometimos todos. No saber nada del manejo de los artistas internacionales, no tener idea de qué era un *junket*, querer rentar un helicópetero y no saber ni siquiera cómo opera, pagar por un salón sin saber las especificaciones, no recorrer el lugar en el que vas a grabar, pero esa fue la única forma de aprender todo eso. Una vez que cometimos todos esos errores, aprendimos cómo hacerlo bien, cómo mejorarlo y cómo replicarlo. Por otro lado, reafirmamos lo que sí estábamos haciendo bien.

La actitud que tienes ante una situación (aun cuando sabes que algo podría parecer imposible); la persistencia frente a cada uno de los problemas y obstáculos a los que te vas a enfrentar; tener claro tu objetivo y poner toda tu

energía en él; aprovechar los contactos, el *networking* y las personas que pueden ayudarte; conocer tus fortalezas y aprovecharlas; hacer tu propia reingeniería, buscar ser diferente de los demás para sobresalir; seguir tu intuición más allá de tu razón; trabajar con pasión, soñar siempre muy alto y, lo más importante de todo, buscar el cómo sí y no el cómo no.

Si te das cuenta, aunque éste es un ejemplo específico, aplica para cualquier objetivo, terreno, trabajo de oficina, negocio, proyecto, deporte, emprendimiento, innovación o situación que vayas a enfrentar. El escenario puede cambiar, pero las herramientas para lograrlo son las mismas.

Tú puedes lograr cualquier cosa, absolutamente la que quieras. Todos los grandes logros que admiramos hoy en día empezaron con una persona que confió en sí misma, que vio los problemas como oportunidades para aprender y que siguió, siguió, siguió, siguió y siguió intentándolo hasta que lo alcanzó.

¿Sabes algo? Ahora te toca a ti ser esa persona.

> **"No se aprende a caminar siguiendo las reglas. Se aprende haciendo cosas y cayendo."**
>
> •
>
> *Richard Branson*

¿A QUÉ LE TIENES MIEDO?

¿ES NECESARIO EL MIEDO?

6

E l problema del miedo es que es un enemigo que te vence antes de luchar y sin haberlo intentado siquiera. ¿Qué fuerte, no? El miedo es una bola de nieve que, cada vez que piensas en él, se hace más grande. Entre más evites esa situación, esa plática, ese reto, esa llamada, a esa persona, ese proyecto, ese momento o esa actividad, el miedo se hace más grande. Karl Albrecht, doctor en psicología, explica que algunos miedos poseen un valor de supervivencia básica, pero otros son sólo reflejos que pueden ser tratados o reaprendidos.

El miedo te hace ver los problemas menos manejables de lo que son, de hecho, está documentado que un miedo que no enfrentas crece en tu mente cien veces más del tamaño real. Imagínate, si el doble de algo es una diferencia considerable que cambia toda la perspectiva, cien veces más (de lo que sea) empeora el panorama. Por si fuera poco, entre más crece el miedo, más pequeños nos hace sentir. Es una métrica directamente proporcional ¡¡¡del infierno!!!

Todas las emociones existen para algo, no son *de gratis*. Existen porque son útiles y cuando las usamos correctamente, nos ayudan a mejorar como personas. En cambio, cuando dejamos que nos envuelvan, nos rebasen y nos abracen como luchador japonés de sumo (sudado), te generan más problemas de los que tienes en un principio.

Sé que esto va a sonar un poco raro, pero dame el beneficio de la duda. **El miedo es necesario, es una de las mejores emociones con las que cuenta el ser humano.**

¿Por qué? Porque da oportunidad de reaccionar de manera inteligente, aguda, atenta, en pocas palabras (cuatro palabras para ser exacto), te pone al tiro. Te prepara y te genera una tensión para tomar las precauciones necesarias y hacerlo bien. Perooooooooooo, el problema surge cuando el miedo te sobrepasa y, en lugar de enfrentarlo, te congela, te bloquea y te anula. En este punto te vence. El problema es que cada vez se hace más grande.

> **"En lo que menos se te antoja hacer y en lo que más miedo te da, es donde está tu mayor crecimiento."**
>
> *Brian Tracy*

En mi programa de radio entrevisté a Flor Amargo, una cantante urbana creadora del género *catartic pop* (algo así como una mezcla de buena música con gritos, emociones y la mejor actitud). Me encantó lo que me compartió. Su familia era muy, muy, muy, muy pobre (así me dijo ella), pero un día, su mamá le compró un piano usado; estaba en tan mal estado que casi casi le pagaban por llevárselo, sólo así pudo tenerlo. Cuando se lo regalaron, no podía creerlo. Una vez que empezó a tocarlo, se enamoró a primera vista o, más bien, a primera tocada, de la música. Después de eso, con un gran esfuerzo, estudió en el Conservatorio Nacional de Música, inclusive se fue al extranjero a especializarse.

Uno de sus grandes sueños era compartir su música con mucha gente, convertirse en una cantautora muy conocida y tocar en lugares muy importantes. Deseaba presentarse en el Teatro Metropolitan de la Ciudad de México. En contraste, su gran miedo era no tener dónde tocar, no ser aceptada y terminar tocando en las calles, ese era su mayor terror.

Empezó a tocar todas las puertas. Era muy fácil que la tomaran en cuenta rápidamente por su talento. Varias disqueras la voltearon a ver, participó en el programa de televisión *La voz México* en 2012 y 2017. Ahí los jueces la aceptaron en sus equipos y después la sacaron. Ni eso, ni las disqueras, ni los contactos funcionaron. Nada funcionó.

Años de esfuerzo y no pasó nada, la pesadilla se cumplió, no tenía dónde tocar, pero seguía conservando lo más importante: su pasión por la música. Así que decidió enfrentarse a su mayor miedo y a lo único que le quedaba: tocar en la calle. Empezó a tocar en las banquetas, en las plazas, en el metro y en los camiones. La primera moneda que recibió fue una de cinco pesos, de una señora a la que le dio mucha pena dársela, a Flor Amargo le dio más pena recibírsela. Conectó tan fuerte con la gente, que cada vez había más personas alrededor de ella. La empezaron a grabar con su celular, a compartir sus tocadas-callejeras en las redes y, lo más importante, a enamorarse de sus canciones. Su éxito llegó a tal grado que el día que la conocí en Exa FM estaba anunciando su primer concierto en el Teatro Metropolitan, que, por cierto, estaba *sold out* (completamente vendido). El disco que presentaba tenía colaboraciones con Mon Laferte, Jaime Kohen y Tren a

Marte; su video "Carrusel" acababa de ganar el premio Pantalla de Cristal como mejor video del año.

Logró todo lo que quería, pero por el camino que jamás se imaginó. Cuando ya no tenía nada más que perder, empezó a tocar en la calle. Durante la entrevista, Flor Amargo compartió una frase que me encantó: "Las cosas funcionan, en cuanto enfrentas tus más grandes miedos."

Algunos de estos miedos son:

Miedo estimulante / Es el que te ayuda, que te moviliza y te hace crecer. Este miedo es súper necesario y una vez que lo pasas hasta lo agradeces, porque fue el que verdaderamente te ayudó a hacer mejor las cosas y a crecer.

Miedo tóxico / Es el que te estanca, el que no te hace crecer, te hace quedarte en lo seguro. Eso es terrible porque te amarra a tu zona de confort y como te sientes "seguro", ahí te quedas. Nos hace tomar precauciones, medir consecuencias y estar muy atentos. Por ejemplo, digamos que tienes que cruzar un río para llegar a un lugar increíble. Hay dos opciones.

Opción 1. Lo ves desde la orilla, te da miedo y eso te previene y te prepara para hacerlo bien. Te das cuenta de que tienes que agarrar vuelito para saltar a la primera piedra, que después tienes que pisar un poco el agua en una parte muy baja, que una vez que estés ahí tienes que apoyarte en una rama para subir a una piedra un poco más alta y que de ahí ya puedes dar un brinco muy pequeño para llegar al otro lado. Lo lograste. Ahora puedes llegar a ese lugar que tantas ganas tenías de conocer.

Opción 2. Ves el río desde la orilla. Confirmas que está mucho más difícil de lo que pensabas. Tu cabeza empieza a pensar en todo lo que podría pasar y cada vez te da más miedo. Decides darte la vuelta y regresar. Jamás conocerás ese lugar fantástico del que hablamos.

Me gusta mucho lo que dice el empresario Carlos Slim sobre el miedo: "Para enfrentar el miedo lo mejor es actuar. Mientras más veces actúas y vences el miedo, más chico se hace. La acción alimenta la confianza. Sin embargo, cada vez que no lo enfrentas, se hace grande y engorda un poco más. El miedo se hace fuerte cada vez que no te atreves. Es normal que sientas miedo, pero haz lo que tienes que hacer de todas maneras."

Cruza ese río. Es mucho más largo y doloroso todo lo que piensas, que lo que realmente va a pasar.

Un día estaba grabando una cápsula para televisión con Rommel Pacheco, clavadista y medallista panamericano de México. La idea era aventarnos de la plataforma de cinco metros. Al principio, yo estaba muy machito, pero cuando nos subimos y me llevó a la orilla de la plataforma, casi me muero. Las piernitas (que de por sí tengo flacas) se me hicieron como gelatina. La verdad es que siempre me ha dado pavor la caída libre y el agua está tan clara, que el cerebro alcanza a ver el fondo de la fosa de clavados. Así que, en lugar de cinco metros, sientes que hay diez metros entre tú y la muerte, perdón, entre tú y el fondo. Bueno, lo peor de todo es que me acerqué tanto a la orilla que mi miedo se hizo cada vez más grande y lo que iba a resolverse de volada, terminó siendo casi media hora para aventarme. Una vez que lo logré, me di cuenta de que el miedo que tenía en la cabeza era mucho más grande de lo que sentí al clavarme al agua.

¿Sabes cuánto tardé en caída libre? ¡Un segundo! Sí, un segundo, contra treinta minutos de tensión. Un segundo contra 1 800 segundos de angustia. Así es el miedo, es mucho más grande lo que creas en tu mente, de lo que verdaderamente es.

> ## EL MIEDO ES UNA MURALLA QUE SEPARA LO QUE ERES DE LO QUE PODRÍAS SER.

Primeros auxilios para enfrentar el miedo

1 No pienses mucho las cosas que te dan miedo. Identifica la situación, toma tus precauciones y hazlo, entre más te tardes, más difícil será hacerlo.

2 Si te falta fuerza o valor para hacer algo, recuerda algún gran logro que hayas obtenido, un momento difícil que hayas superado. Empodérate, recuerda lo que lograste y una vez que sientas toda esa fuerza que tienes, lánzate, tú puedes.

3 Piensa en alguna cosa que te haya dado mucho miedo, recuerda cómo te hacía temblar y el pavor que te daba intentarlo. Luego, acuérdate qué pasó después. ¿Sigues sintiendo miedo de esa situación? ¿Sigues temblando? No, ¿verdad? Eso mismo pasará con lo que tienes enfrente. Una vez que lo consigas, olvidarás el terror que te da hacerlo. No hay que perder más tiempo. Hazlo y alcanza más que todos los que se quedan congelados.

4 Empieza por lo que más miedo te da. Cuando estamos frente a algo que nos genera temor, normalmente nos hacemos tontos y lo dejamos para el final. O sea, lo posponemos lo más posible, cualquier pretexto es bueno para evadirlo. Algo que a mí me funciona mucho es lo siguiente: cuando tengo varios pendientes y entre ellos uno que me provoca miedo o estrés, hago una lista de pendientes y los pongo al principio. Me comprometo a no avanzar en nada hasta terminar con los dolorosos. De esta manera, no me queda otra más que atacarlos de inmediato para seguir con todo lo demás. Puede parecer un asunto de orden, pero me ha ayudado mucho a no evadirlos y avanzar.

5 Si te falta fuerza para enfrentar algo, busca a alguien que te inspire, a alguna amiga o amigo que te ayude a tomar la decisión o que sepa cómo impulsarte para hacerlo. A veces necesitamos ayuda de otras personas y estos casos pueden marcar toda la diferencia.

Así que, inténtalo, hazlo, ve por eso, porque una vez que vences el miedo, se anula y tu seguridad crece para enfrentar cualquier otro obstáculo que venga. Ocúpalo a tu favor, utilízalo para prevenirte y para superar tus retos.

Entre más miedos superas, te conviertes en una persona más segura. No lo dudes, el miedo es una gran oportunidad para aprender a hacer cosas nuevas y llegar a los lugares a los que muchos no han llegado. Y como dice Jen Sincero en su libro *You are a Badass*: "Del otro lado del miedo, está tu libertad."

DIVORCIARTE Y VOLVERTE A CASAR... ¡CON LA MISMA MUJER!

Sí, parece de película, pero así fue. Para algunos podría tratarse de una película de hadas y para otros de terror. Te platico y lo decides tú.

A lo largo del libro hemos platicado acerca de cómo todas las situaciones malas nos dan algo bueno. El ejemplo que quiero compartir contigo es una de las experiencias de vida que más me han enseñado. Espero que también te funcione a ti.

Me casé con Rebeca en marzo de 2003, tuvimos un matrimonio muy feliz, con muchas ilusiones, mucho amor, retos y muchas, muchas risas. Nos hicimos familia, incluso antes de casarnos. Los dos teníamos un hermano y prácticamente sólo un papá en nuestras vidas, así que una vez que nos agarramos, no nos soltamos.

Muchas personas cuando son niños sueñan con ser abogados, doctoras, arquitectos, maestras, nosotros queríamos ser papás. Ese era nuestro sueño más grande. Después de un embarazo muy complicado en el que pasamos más de tres meses en el hospital y un segundo embarazo bastante normal, tuvimos a Santi y a Regis, dos hijos maravillosos que se convirtieron en nuestra razón de vivir.

Como en todos los matrimonios, hubo altas y bajas, y así como hubo mucho amor, también tuvimos problemas. Al principio del octavo año, las cosas empezaron a complicarse bastante (no sé si el asunto de la crisis de los siete años esté documentado científicamente, pero aquí funcionó como relojito). La rutina, el exceso de trabajo, las carencias emocionales de cada uno, las responsabilidades de tener hijos, los gastos, los problemas del día a día, las peleas, en fin, todo lo que un par de casados puede entender hizo que las cosas se complicaran. Los dos estábamos muy tristes y lo que más queríamos era que las cosas mejoraran.

Esa fue la época en la que todos hablaban de la ley de la atracción; todo el mundo tenía el libro *El secreto*, parecía que lo regalaban en las cajas de cereal. Entre todos, también yo coincidía cien por ciento con esa teoría.

Salía todos los días a correr y en la primera media hora, le pedía al universo de todas las maneras habidas y por haber que mejorara nuestra relación. Más que corredera, era una *decretadera*, porque me la pasaba decretando para que nuestra relación fuera mejor. A los cinco meses de estar decretando con toda la fe, emoción y convencimiento, nos separamos.

No lo podía creer. ¿Qué hice mal?, ¿lo dije al revés?, ¿me faltó fe?, ¿tengo el libro pirata?, ¿leí mal las instrucciones? Me enojé muchísimo. Pensé: "¡Esta mentada ley de la atracción no sirve para una fregada!" No había ningún culpable. En todos los rompimientos hay 50/50 por ciento de responsabilidad, quizá en algunos casos una de estas mitades es más llamativa, pero he aprendido poco a poco que la responsabilidad siempre está en los dos lados, de diferente modo, pero nunca en uno solo.

Tengo que aceptar que los primeros meses estuve muy triste y algunos días deprimido. Por más razones que existan, terminar una relación, cambiar la estructura de la familia, perder a tu pareja, acabar con un proyecto tan importante y dejar de vivir con tus hijos, es horrible. No importa cuán lógica y necesaria sea la decisión, duele en lo más profundo del alma, y a mi ex le estaba doliendo igual.

Para entonces tenía el programa de radio *Despierta* en Exa FM y me preguntaba: "¿Cómo voy a levantar el ánimo y animar a la gente, si yo estoy tristísimo?" Mi estrategia fue pensar que mi problema no tenía nada que ver con ellos, que había muchos radioescuchas que tenían problemas igual o mucho más fuertes que el mío, y mi responsabilidad era motivarlos y ayudarlos a salir adelante todos los días. Así agarraba fuerzas, aunque no puedo negarte que sí me costaba mucho trabajo.

Una vez divorciados, cada uno retomó su camino y encontró la forma de rehacer su vida y de sacar adelante lo que más amábamos: nuestros hijos. Por supuesto, no entraré en detalles, por respeto a Rebeca y a ellos.

Nunca nos faltamos al respeto ni tuvimos problemas económicos o legales; en todo momento nos respetamos frente a nuestros hijos y frente a los demás. Siempre nos tratamos muy bien, lo cual creo que fue la base para que un año y medio después nos reencontráramos.

Tras mucho tiempo de no hablar de nosotros, decidimos ir a cenar, quizá para cerrar el círculo. Después de platicar tres horas, nos dimos cuenta de que los dos habíamos trabajado mucho en nuestros problemas personales, que más que buscar culpables, cada uno había trabajado en sí mismo. Durante todo ese tiempo yo estuve en un grupo de codependencia y ella estuvo en estudios de la cábala.

Esa noche comentamos que habíamos sido nosotros los que pagamos el precio de crecer, tropezarnos y aprender juntos y que sería una lástima que alguna otra persona fuera a disfrutar la mejor versión de cada uno de nosotros. Después de meditarlo mucho decidimos volver a intentarlo. No le dijimos a nadie, porque no queríamos crear falsas expectativas de algo que todavía no sabíamos si funcionaría. Salimos a escondidas de todo mundo, incluyendo nuestros papás y nuestros hijos. Quedábamos de vernos fuera de la casa para que nadie nos viera y llegábamos al cine cuando ya estaba la luz apagada. Fue una apuesta con muy poco que perder y con mucho que ganar. Después de tres meses de reconocimiento, de perdón, y de re, re, reintentarlo, nos reconquistamos. Decidimos regresar a vivir juntos y unos años después volvernos a casar.

Por cierto, tres años después de eso, tuvimos nuestro tercer hijo, Elías. Sí, tuve un hijo en mi segundo matrimonio, con mi primera esposa. Se escucha extraño, pero fue una de las bendiciones más grandes que he tenido en mi vida.

> ¿Por qué te cuento todo esto? Porque, como te había dicho, todo lo malo trae algo bueno. Yo le pedía al universo, a Dios, a mi poder superior, que las cosas mejoraran, y la vida nos dio exactamente lo que necesitábamos para hacerlo, claro que en ese momento jamás lo hubiera entendido.

Necesitábamos tiempo, trabajo personal, encontrarnos solos sin la otra persona, espacio para enfriar la cabeza y pensar en nuestros errores, en lugar de señalar los del otro, muchas cosas que no había manera de que pudiéramos ver cuando estábamos juntos. Siempre hubo mucho amor y admiración por el otro, pero en aquel tiempo necesitábamos algo diferente para funcionar y la vida nos lo dio.

A lo largo de mi existencia me he dado cuenta de que no ha habido una sola cosa por más mala que parezca que no me dé un beneficio. No soy un experto en la forma en la que funciona el universo ni tampoco en la energía, pero he comprobado en carne propia que la vida se va acomodando sola y entre más te le pones en frente, más te quita.

Piensa en algo negativo que te haya pasado alguna vez. Ahora busca la parte positiva que eso te dio. ¿En qué evolucionó ese gran problema?, ¿en qué terminó?, ¿cómo te ayudó más adelante? Te aseguro que después de cierto tiempo vas a encontrar algo positivo.

Cuando está pasando el problema, así en vivo y a todo color, no hay manera de ver lo bueno, sólo nos centramos en lo negro, aunque más allá del negro está el gris y luego el blanco. En un principio es difícil verlo, pero siempre está ahí.

Uno de mis grandes problemas es que he sido muy controlador. Siempre le quería hacer manita de puerco a la vida, quería que las cosas fueran como yo decía o como a mí me parecía que debían de ser y, ¿sabes qué? Entre más me metía, peor salía todo. Me ha costado mucho trabajo, pero he aprendido que entre más dejo fluir las cosas, mejor se acomodan.

Alguna vez me dijeron una frase que me pegó muy fuerte: "Deja de ponerte enfrente a Dios. Entre más te interpongas a las cosas, más las vas a sufrir."

Puede ser Dios, vida, energía, universo, naturaleza, lo que tú creas, lo importante es que hay una fuerza superior a nosotros que va acomodando las cosas y que, si no la dejamos correr, se atora.

Inténtalo, no lo creas hasta no hacerlo. No tienes nada que perder y podrías tener todo que ganar.

> **"LA DEFINICIÓN DE LOCURA: HACER LAS MISMAS COSAS ESPERANDO RESULTADOS DIFERENTES."**

Si no lo has hecho, fluye. No veas lo malo sólo como situaciones negativas, espera a que esas situaciones hagan su trabajo. Actúa diferente, agradece lo que tengas, sea bueno o malo. Te puedo asegurar que los resultados empezarán a ser muy distintos. Me ha pasado en muchos aspectos y te sucederá a ti también.

Regresaré a la historia de mi doble matrimonio. Esa historia enamora e inspira a mucha gente. Tanto a Rebeca como a mí nos fascina contar, porque, en parte, atrapa las miradas en cualquier reunión. Ahora quiero confesarte algo que en este momento muy poca gente sabe. Mientras escribo estas líneas, las cosas lamentablemente no están bien otra vez. Después de nueve años de una nueva oportunidad, la situación se ha vuelto a complicar. Cada uno creció con carencias emocionales que, lamentablemente, en lugar de complementarse se contraponen. Nada me gustaría más que terminar este capítulo con la historia del doble matrimonio entre la misma pareja y cerrar con ese buen sabor de boca, inclusive podría evitarlo y guardarme el resto para cerrar con broche de oro esta página, pero la vida, por desgracia, no siempre cierra con broches de oro. La vida es como es. Decidí escribir este libro para decir la verdad, para ayudarnos entre todos, para aprender y para intentar mejorar, no para aparentar nada.

No sé cómo se encuentre nuestra historia en el momento en el que leas este libro, no sé si habremos superado esta etapa juntos o no. De lo que sí tengo absoluta certeza es que intentamos todo, que buscamos toda la ayuda posible, que nos hemos amado con todo nuestro corazón, que hemos trabajado para hacer una familia con valores y con mucho amor. Quizá la vida nos está diciendo que nuestra felicidad está en otra historia, que teníamos que regresar para aprender nuevas cosas, pero que nuestra historia de pareja no era estar juntos. Aun así, nos quedaremos satisfechos de que hicimos todo por coincidir y terminaremos nuestra historia de amor en paz y armonía.

Seremos compañeros toda la vida y nuestro amor se transformará y permanecerá de otra manera. Nadie nos quitará los grandes momentos que pasamos, pero, lo más importante, nadie nos quitará ese amor que hizo posible crear tres vidas increíbles, que serán el mayor milagro de nuestra historia.

Pase lo que pase, todo será para bien, la vida nos está acomodando para estar mejor. He aprendido que querer controlar la vida no funciona y que el día de mañana entenderé por qué está pasando todo esto el día de hoy.

Espero que tú también puedas fluir y aceptar cuando la vida insista en acomodar las cosas; que puedas darle la oportunidad a las situaciones que parecen negativas, para que después te enseñen su lado positivo; que comprendas que la vida no juega contra ti, ya que a pesar del dolor de muchos momentos juega a tu favor. Espero que las cosas te salgan tan bien, como estoy seguro de que nos van a salir a Rebeca y a mí.

No sé qué pasará mañana, sólo sé que hemos estado tan convencidos de trabajar por lo que queremos, de dar el todo por el todo y de alcanzar nuestros sueños que, inclusive, nos casamos dos veces.

INSTRUCCIONES PARA VIVIR TU *PEOR* MOMENTO

¿Has sentido que ya no puedes más?, ¿te has asfixiado por algún problema?, ¿Has perdido toda la esperanza? Yo también.

Los primeros libros que escribí fueron en coautoría con Gaby Vargas e iban dirigidos a adolescentes (*Quiúbole* para mujeres y *Quiúbole* para hombres). Trabajamos muchísimo. Nunca imaginé el trabajo tan duro que era planear, investigar, documentar y entrevistar a tanta gente para escribir un libro, con decirte que del día que decimos escribir *Quiúbole* para mujeres a la fecha de impresión pasaron cinco años.

Aunque hicimos los libros con mucha conciencia y mucho compromiso con nuestro trabajo, no estaba en nuestro horizonte el éxito que iban a tener y el alcance al que iban a llegar. Como ya te comenté, cuando salieron al mercado, muchas escuelas en México los pedían como libros obligatorios, hasta el Departamento de Educación de la Casa Blanca en Estados Unidos nos citó para trabajar con los libros. Llegaron mucho más lejos de lo que pensábamos (por cierto, no es comercial, recién salió una edición actualizada de ambos, digo, por si tienes un adolescente cerca). Fueron un éxito rotundo.

Unos años más tarde, por mi parte, escribí otro libro para adolescentes, luego de eso nos planteamos qué era lo que seguía para mí. Muchos papás me pedían que escribiera algo para ellos, así que decidimos que era tiempo de hacer un libro para adultos, para los padres de esos adolescentes.

Empecé entrevistando a más de quinientos papás de todos los estilos, casados, solteros, adoptivos, abuelitos que se quedaron a cargo de los nietos, papás de hijos muy tranquilos, mamás de hijos muy problemáticos, en fin, muchas variantes. Después, entrevisté a los que consideré los mejores noventa expertos sobre adolescencia en el país (psicólogos, terapeutas, sexólogos, sociólogos, pedagogos, ginecólogos, bueno, hasta abogados, porque hoy en día cualquier adolescente con Google sabe cómo poner una queja en Derechos Humanos) y me documenté con una bibliografía muy extensa y actualizada.

Tenía la información, pero el problema arrancó cuando empecé a escribir. Para serte muy sincero, tenía miedo. No sabía si le podía escribir a los adultos. Sabía mi alcance con sus hijos, sabía utilizar sus palabras y su tipo de humor, pero no sabía si conseguiría interesar a la gente más grande. Eso me puso muy tenso. Escribí muy duro durante seis meses y cuando sentí que tenía buen material, se lo mandé a mi editora, Patricia Mazón, con quien ya había trabajado varios libros. Ella lo recibió muy contenta y agradecida por el esfuerzo, lo leyó en un par de días y al tercero me dijo:

Comparte tus conocimientos y aprende de los demás, en la vida saber es ganar.

—Esto no sirve.

—¿Cómo? Es la mitad del libro.

—Sí, Yordi, pero lamentablemente no funciona. ¿A quién le estás escribiendo?

—Pues a los papás de los a adolescentes, como quedamos.

—Pues no funciona, está muy serio, tiene palabras muy complejas y muy poco de tu humor. No eres tú, no se escucha tu voz.

Tenía razón. Estaba tan presionado por la situación de los adultos, que había escrito en un tono muy formal, esperando cubrir las expectativas que creí que tendrían los adultos de mí.

—¿En quién estás pensando cuando escribes? —me preguntó Paty.

Estaba pensando en los papás que nunca me habían leído y no confiaban en mí, en los psicólogos y los expertos de adolescentes que iban a leer el libro y me enjuiciarían, en los directores de las escuelas, bueno, hasta en los inspectores de la Secretaría de Educación Pública (SEP).

—Los libros no están dirigidos a esas personas. Ellos ya saben esa información. ¿Por qué quieres impresionar o quedar bien con ellos y olvidarte de escribirle a tus lectores, a los papás que no son expertos y realmente lo necesitan? A las personas que les gusta tu investigación y que les funciona cómo les explicas las cosas.

Otra vez tenía razón. En ese momento me sentía muy inseguro y muy vulnerable. Por alguna razón, perdí mucha seguridad en mí y sentí que mi trabajo no servía de nada. Sentía horrible en el estómago, algo así como un hoyo de angustia y entre más pensaba en él, más grande se hacía. Si alguna vez te has sentido así, entiendes perfectamente de lo que estoy hablando.

Mi editora me pidió que volviera a escribirlo. Otra vez desde el principio. Casi me desmayo (bueno, creo que la presión sí se me bajó como dos rayitas), y es que, imagínate, si cuando estás escribiendo un documento y no lo salva tu computadora, te enojas y hasta le gritas a la compu, ahora tener que reescribir seis meses de chamba.

Aún así volví a empezar. Me costaba mucho trabajo encontrar el tono en el cual escribir, por un lado, serio porque estaba hablando de cosas muy importantes sobre sus hijos, pero, por el otro, ligero y amigable para que fuera más fácil de entender. Meterle bromas porque es mi forma de ser, pero no muy fuertes para que nadie se ofendiera; picante para hacer reír y aligerar la lectura, pero no de doble sentido, porque nadie quiere doble sentido si estamos hablando de su hija adolescente. Tenía la presión del éxito de nuestros libros anteriores, ¡¡¡me estaba volviendo loco!!!

Además, era mucha la información que tenía. La pared del despacho donde escribía estaba llena de hojas pegadas, notas y *post-its* (amo los *post-its* amarillos). Parecía de esas escenas de película en que ponen todas las pistas del asesino en la pared para atraparlo. Llevaba varios meses tratando de unir todo y de zurcirlo, cual cirujano, y un día, más bien, una madrugada, caí en *shock*. No podía más, entre el cansancio, el estrés, la presión y la inseguridad que tenía, me dio un ataque de pánico.

¿Alguna vez te ha dado uno? Es horrible, mi pulso se aceleró muchísimo, no podía respirar, sentía todo mi cuerpo frío y me abordó uno de los miedos más grandes que he vivido. Me solté llorando sobre la computadora. Como bebé, *literal*. Me da pena contarlo, pero así fue. Las hojas impresas en el escritorio estaban mojadas de las lágrimas. No podía más, estaba exhausto. Me sentía un imbécil, porque ya no podía conectar una idea con otra, no podía ni construir un párrafo sencillo. Nunca había sentido eso.

Pensé: "Se acabó, no más, no tengo la necesidad de hacer esto, yo tengo mis programas de radio y de tele, ya escribí varios libros, no tengo por qué seguir sufriendo esto." Al otro día fui (con urgencia de ambulancia) con mi psicóloga, la doctora Susana Mondragón, y le conté todo. Necesitaba su apoyo, su soporte, su entendimiento, nadie mejor que tu terapeuta para entenderte y cuidarte. Cuando acabé de contarle todo con mi voz entrecortada, soltó una carcajada y me dijo:

—¿En serio creías que iba a ser fácil?

Me quedé pasmado.

—¿Creías que iba a ser sencillo escribir un libro con toda esa información, y que además funcionara? Obviamente, no. Ninguna cosa que valga la pena es fácil y mucho menos algo como esto. Estás en la línea donde la vida te está presionando para sacar lo mejor de ti. Donde te está llevando a tu límite, para hacer y conseguir lo que jamás has hecho.

Ese es exactamente el punto donde la mayoría de las personas se regresan. Ese es el filtro que la vida tiene para dividir a las personas que lo lograron y las que nada más lo intentaron. Es normal que te hayas sentido así. Deja de hacerte la víctima y si realmente quieres lo que buscas, sigue trabajando, pasa esa línea, descubre quién eres del otro lado. Llora si tienes que llorar, pero después de eso límpiate las lágrimas, duerme, descansa un par de días y continúa.

Así lo hice. Descansé dos días, comí bien, dejé de compadecerme y regresé a escribir. Cinco días antes de terminar el libro me volvió a dar un ataque de cansancio. Esta vez decidí cruzar la línea. Entregué el libro a la editorial con mucho miedo de lo que iba a pasar.

¡Renuncio! Tengo un hijo adolescente, ¡y no sé qué hacer!, como se tituló mi libro, estuvo en el primer lugar de ventas el mes de su lanzamiento. Además, lo editaron en otros países. Dos años siguió en los primeros lugares de ventas y pasó de *best seller* a *long seller*, por el tiempo que ha permanecido con altas ventas. Se convirtió en uno de mis mejores libros y me abrió el mercado de lectura para adultos.

Ese día aprendí lo que es pasar esa línea y entendí que cuando no puedes más, es cuando estás a punto de hacer algo increíble.

> ## "SI QUIERES ALGO QUE NUNCA HAS TENIDO, TENDRÁS QUE HACER ALGO QUE NUNCA HAS HECHO."

Un día asistí a una conferencia de Alfonso Cuarón, director mexicano que admiro muchísimo. Habló sobre la filmación de la película *Gravity* con Sandra Bullock y George Clooney. Explicó que quería hacerla tan realista, que buscaba que las estrellas y el resto de los elementos del espacio se movieran como lo hacen en la realidad. El problema fue que la mayoría de las tomas eran con los protagonistas flotando afuera de la nave espacial y al llevar puestos los cascos se tenían que reflejar todos los movimientos de las estrellas, combinado con el movimiento del astronauta, ¡al mismo tiempo! En resumen, una megabroncaaaa.

Después de varios meses no encontraba cómo lograr ese efecto, de hecho, tuvo que parar varias semanas la grabación y dejar a los actores sin hacer nada por mucho tiempo. Ya no podía más, estaba llegando a su límite. El dinero se estaba terminando, cada día subía el presupuesto de la película, y el tiempo se agotaba, ya que los contratos de los actores tenían una vigencia y él nomás no lograba resolverlo.

Lo que fue un sueño de película se convirtió en la pesadilla laboral más grande que había vivido. Un día llegó a su casa y se soltó llorando con su esposa, así, a moco tendido, porque no podía más de la presión. Después de muchas ideas que no funcionaron, se les ocurrió a él y al fotógrafo mexicano Emmanuel *El Chivo* Lubezki un artefacto que podría funcionar.

Buscaron ingenieros en sistemas, científicos que estudiaban el espacio y algunos expertos más para inventar un cubo de pantallas, en el cual, con un programa digital que diseñaron exclusivamente para eso, se simulaba el cosmos y sus movimientos en tiempo real, a la perfección. Así que la mayor parte de la película se filmó con Sandra Bullock adentro de ese cubo, el cual sólo tenía una pequeña ranura para meter el lente de la cámara.

Cuarón llegó a su límite, se paró en esa línea donde la vida lo retaba, estuvo en ese momento crítico donde la mayoría de las personas se regresa. No obstante, él decidió cruzarla contra toda su frustración y cansancio. A pesar de tener excelentes películas en Hollywood, fue la primera vez que ganó un premio Óscar. Él obtuvo dos premios, uno por mejor director y otro por mejor montaje, pero la película ganó siete. Además, fue considerada la película del espacio mejor filmada y más realista de todos los tiempos. Cuando más oscuro estaba el espacio, fue cuando más cerca estaba del Óscar.

Cada uno tiene diferentes retos, diferentes objetivos y diferentes obstáculos. Ninguno es más importante que otro, porque son personales, son individuales. Lo importante es entender que cuando no puedes más, cuando quieres tirar la toalla, estás a punto de lograr algo que jamás has hecho, por eso es tan difícil cruzar esa parte.

No te regreses, cruza la línea, **¡puedes porque puedes!** Ese momento tan incómodo y difícil que estás viviendo es la diferencia entre los que lo logran y los que jamás lo consiguen.

Si ya llegaste hasta acá, si ya no puedes más, si estás viendo todo más negro que nunca, es una gran señal, porque significa que estás a nada de alcanzar lo que jamás has hecho.

Recuerda que la hora más oscura de la noche es cuando está a punto de salir el sol. Puede ser un proyecto o un problema, quizá has tenido tantos problemas juntos que ya no puedes más, que te sientes cansado, que estás llorando, que te dio un ataque de ansiedad, que te dejó tu pareja cuando más enamorada estabas, que te duele respirar, que te quedaste sin nada y sin nadie, que llevas años trabajando en algo y parece que no se va a lograr... pasa la línea, no te regreses. Haz lo que tengas que hacer, descansa y vuelve a tomar fuerzas para continuar, porque está a punto de salir el sol.

CON SUEÑOS, CON ILUSIONES

TRES PASOS INFALIBLES PARA LOGRAR TUS SUEÑOS

7

Sí existen, sí funcionan y claro que los puedes hacer. He tenido la oportunidad de entrevistar a muchas personas exitosas. Algunos de los empresarios más importantes y poderosos del mundo, deportistas ganadores de medallas olímpicas, sobrevivientes que estuvieron setenta y dos días perdidos en los Andes, líderes espirituales que inspiran y mueven a millones de personas, escritores que han motivado a gente en más de cincuenta idiomas, actores que han hecho llorar y reír a personas en todo el planeta, personas discapacitadas que han hecho cosas más allá de lo creíble, mujeres que han conquistado las cumbres más altas del mundo, artistas musicales que sus treinta Grammys no son nada en comparación con la cantidad de personas que cantan sus canciones. De todos he tratado de aprender lo más posible.

En esta carrera, algo ha llamado mucho mi atención: de una u otra manera todos coinciden en la fórmula para alcanzar sus metas. En este capítulo la compartiré contigo. Te aseguro que, si sigues estos pasos, tienes grandes posibilidades de lograr cualquier cosa.

El primer paso es tener un sueño. Al segundo paso, yo le llamo los micropasos y el paso tres es lograrlo y mantenerlo.

Paso 1. Tener un sueño

Al parecer es el más sencillo de los tres, pero aunque lo dudes, es el más difícil. Primero, porque la mayoría de las personas no tienen un sueño claro y cuando tienen uno es algo así como: "Quiero inventar una aplicación digital", "quiero poner un salón de fiestas infantiles", "quiero entrenar delfines", "viajar a Egipto", "subir al Everest o, bueno, al Popocatépetl o ya de plano al Cerro del Judío".

Cuando tienes un sueño definido, muchas veces la vida es tan vertiginosa, tan rápida, que pasa algo y se te olvida tu objetivo. Por ejemplo, te corren del trabajo, tu hijo se enferma, saliste de la universidad y no encuentras empleo, te divorcias o te asaltaron en el camión y, ¡¡¡zaaaaas!!!, te impacta tanto, que se te olvida tu "sueño". La mayoría de las veces no te vuelves a acordar, y si lo haces, posiblemente ya perdiste mucho tiempo.

Otra de las cosas que no ayudan mucho a la fructificación (qué bonita palabra) de los sueños son las personas que yo llamo "matasueños". Los matasueños son individuos mediocres, envidiosos y tóxicos que hacen todo lo posible por convencerte de que no puedes lograr algo.

Son esas personas a las que les dices:

"Quiero poner un salón de belleza" y te dicen: "Primero, atiéndete los hongos que tienes en las uñas de los pies."

"Quiero ser administrador": "Primero arregla los cajones de tu cuarto."

"Quiero ser veterinaria": "Primero aprende a curarle la cruda a tu esposo."

"Quiero viajar por todo el mundo": "Primero que te den tu visa gringa, que van tres veces que te la niegan."

¿Sabes por qué hacen eso?

Primero, porque son unos flojos, perezosos, holgazanes, en pocas palabras, son unos huevones (¿lo pensé o lo escribí?). Son personas tan derrotistas que prefieren convencerte de que no puedes hacer algo, antes de intentar hacerlo ellos. No quieren que le vaya mejor a ninguna persona de las que lo rodean, porque entonces ellos se quedarán más abajo. Así que prefieren jalarte y casi casi colgarse de ti, para que no sobresalgas.

Y la segunda razón es porque "saben que lo puedes lograr", pues si no pudieras hacerlo, ¿para qué te dedicarían tanto tiempo y esfuerzo en convencerte?

> **"SI VIVES ENTRE CODORNICES, ES MUY DIFÍCIL APRENDER A VOLAR COMO LAS ÁGUILAS."**

Ahora te tengo una noticia peor y mucho más fuerte: a veces los matasueños están en tu propia familia, a veces pueden ser tu papá o tu mamá, tu esposo o tu esposa, tu mejor amigo o amiga, tu compañero incondicional del trabajo, tu novia que te amaaaaa, pero no quiere que te vayas a otro lugar a estudiar, donde puedes conocer a alguien mejor que ella. Es duro, pero es la verdad.

Hay entornos que alimentan la confianza y ayudan a encontrar tu mayor potencial. O bien, hay otros que te generan miedo y hacen que dejes de confiar en ti. ¿En cuál prefieres estar?

Cuando tienes un matasueños cerca, aléjate de él y si son muchos, aléjate de ese grupo. Termina esa relación donde la envidia es más grande que el amor. Está comprobado que te conviertes en las cinco personas con las que convives, así que no te conviertas en la persona que no quiere mover ni un dedo para ser mejor.

Si los matasueños que te rodean son tus papás, no te puedes separar de ellos, ¿verdad?, pero sí puedes ignorar sus comentarios. La gran mayoría de los papás quiere lo mejor para sus hijos, por lo que difícilmente lo hace con mala intención. Muchas veces replican su propia educación, pues sus papás les dijeron que no podían y ellos lo repiten porque es la única referencia que tienen de ser papás.

Por eso es básico que tengas claros tus sueños, y algo muy importante, que los tengas en grande. Si vas a soñar, sueña en grande, cuesta el mismo trabajo que soñar en chico. Acuérdate de que tu mente y tu inconsciente se programan con lo que les das. Para qué quieres ir a la feria de la esquina, si puedes ir a Disneylandia. Los límites son mentales. No quieras racionalizar todas tus metas ni intentes ver de golpe todo el camino, no pienses cómo resolver todos los problemas a los que te vas a enfrentar. Si haces eso, vas a renunciar antes de empezar. Ve como los de AA (Alcohólicos anónimos), pero tú conviértete en un SP (Soñador público). Vete día por día, sólo por hoy, así es como se logran las cosas. Cada día habrá una satisfacción o un problema que resolver, pero si te los echas de montón en la cabeza, te vas a abrumar y nunca arrancarás.

> **"NUNCA RENUNCIES A TUS SUEÑOS POR EL TIEMPO QUE TE LLEVARÁN, PORQUE EL TIEMPO TRANSCURRIRÁ DE CUALQUIER MANERA."**
>
> •
>
> *David Henry Thoreau*

No existen metas que no se puedan cumplir, sólo mejores tiempos donde se pueden hacer. Todoooo, absolutamente todo se puede conseguir, si te preparas, eres tenaz y le das el tiempo suficiente para que suceda. Si esto no fuera real, ¿cómo han alcanzado sus objetivos tan grandes las personas que admiramos?

Carlos Slim, Mohamed Alí, Nelson Mandela, Jeff Bezos, Malala, Cristiano Ronaldo, Steve Jobs, Frida Kahlo, Stephen Hawking, Alejandro González Iñárritu, Michael Jackson, Shakira y miles de etcéteras. Todas esas personas soñaron lo que querían y lo lograron.

No vayas a creer que un día se levantó Bill Gates y dijo: "Wow, cambié la tecnología de la humanidad y no sé ni lo que es enter."

O el papa Francisco, un día se levantó de su cama angelicalmente acolchonada y dijo: "*¡Órale!*, soy el sumo pontífice y jefe supremo de la Iglesia católica y no me sé ni el Padre Nuestro."

O Lionel Messi: "¡Recórcholis! (porque estoy seguro de que así le gusta decir a él), estoy considerado como uno de los mejores jugadores de futbol de todos los tiempos y no sé cómo chutar un balón con efecto."

Obviamente no, todos sabían lo que querían y estaban dispuestos a trabajar para lograrlo.

> Steve Jobs, Ronald Wayne y Steve Wozniak inventaron en 1976 su primera computadora en un garaje. Después de hacer que Apple se convirtiera en una compañía multimillonaria, a Jobs lo corrieron de su propia empresa, y ya sin trabajo siguió con su sueño hasta volver a dirigir una compañía propia y cambiar la tecnología del planeta, como la conocemos hoy.

El papa Francisco sabía desde que se ordenó que quería llegar lo más alto posible para ayudar a mucha más gente. Para ello, fue genuino, humilde y muy, muy, muy trabajador, lo que le valió después de muchos otros cargos, ser elegido en marzo del 2013 como el primer papa jesuita y el primer pontífice originario de América Latina en toda la historia.

Lionel Messi siempre soñó con ser futbolista profesional, pero nadie apostaba por él, pues a causa de una enfermedad hormonal no había crecido bien. Independientemente de tener la cualidad nata para jugar futbol, nadie quería apoyar a un jugador tan chaparrito. Era tan grande su deseo por lograrlo, que su familia con pocos recursos hizo todo lo posible para ayudarlo e invirtió gran parte de lo que tenía en un tratamiento de inyecciones para alcanzar una mejor altura, pero se les acabó el dinero y no pudieron pagar más inyecciones. Después de muchos intentos, consiguieron que el F.C. Barcelona se interesara por él y empezara a pagar su tratamiento. Hoy, además de ser considerado como el mejor jugador del mundo, es el primer futbolista en

la historia que ha ganado cinco veces el Balón de Oro y tiene el récord mundial Guinness por más goles anotados en un año.

¿Te fijas? Las grandes figuras pasaron por grandes problemas como todos (posiblemente, mayores que los que tenemos nosotros), pero la diferencia es que tenían claros sus sueños y estuvieron dispuestos a trabajar con todooooo por ellos.

Me encanta lo que dice el Dalái Lama sobre esto: "A la gente nunca hay que preguntarle qué quiere conseguir en la vida, sino qué está dispuesta a perder para lograrlo, porque eso es el indicativo de su compromiso real."

No tienes que ser Steve Jobs, el papa Francisco o Messi para ser una persona exitosa en tu ámbito. Es igual de exitosa una persona que puso un puesto de tortas de chilaquiles en una esquina y hoy tiene filas de doscientas personas diarias para probar su comida; o una persona que empezó de asistente del asistente del asistente en una oficina y hoy es el director general; o alguien que vende por catálogo (colchas, tuppers, vitaminas, zapatos o lo que sea) y todos los meses gana más que el anterior; o un emprendedor que diseña una plataforma digital nueva. Nadie es más que otra persona por lo que haga o por la actividad que desempeñe, todos tenemos diferentes sueños y diferentes intereses. Nadie es más ni menos que nadie.

> ## "NINGÚN SOÑADOR ES PEQUEÑO Y NINGÚN SUEÑO ES DEMASIADO GRANDE."

Bill Gates decía que la gente no se mide por sus títulos, diplomados, licenciaturas, maestrías o doctorados (hice verso, pero la verdad, con esfuerzo); esos te hacen más competitivo y preparado, pero tú no eres tus títulos, eres tus logros. Los títulos te abren las puertas, pero los logros son los que te hacen avanzar. Si te quedas con tus títulos sin hechos, es como quedarte en la puerta sin entrar.

Tener un sueño es la partida de todo y no tenerlo es estar en el limbo. No tener un sueño es el equivalente a salir de tu casa y decir: "Voy a... Voy a... ¡Ay!, qué calor hace, voy a... Voy a... ¡Ay, qué sed! Voy a... Voy a... Voy a **meterme**."

Nadie puede llegar a un lugar que no sabe cuál es (ni siquiera con Waze, Goggle maps o el mejor gps de la historia). Es imposible llegar a un lugar que no tienes ni la menor idea de cuál es. Por eso, las personas que tienen sueños, sean cuales sean, nos llevan una gran ventaja.

Te acuerdas cuando estabas chico y los maestros preguntaban, "¿Qué quieres ser de grande?" Mucha gente contestaba: dentista, biólogo marino (esa era la de mi generación, todos queríamos ser Jacques Cousteau), no faltaba alguno que dijera algo como: "Presidente de México." Por supuesto, no faltaba quien más rápido que inmediatamente le diera un megazape y los demás agregaran: "Cállate, chaparro, jajaja, sueña, ya parece". Era común la maestra que comentaba: "Dejen de molestar a su compañerito Calderón Felipe, por favor."

Y sí, Felipe Calderón llegó a ser presidente de México. Estudió en una escuela como cualquiera. De hecho, hace poco, mientras daba una conferencia en el patio central de una escuela en Morelia, comenté este ejemplo y la gente se empezó a reír, yo me saqué de onda, no sabía por qué. Cuando les pregunté, todos señalaron un salón y me dijeron que en ese había estudiado Felipe Calderón la primaria. El mismo Felipito, ahora expresidente de México. ¿Te das cuenta? Cualquiera puede conseguir lo que quiera. La diferencia con Calderón y otras personas es que confió más en él, que en cualquier comentario que le dijeran los demás. Imagínate cuántas personas se burlaron de él y le dijeron que estaba loco, que jamás iba a lograr una cosa así, que qué tonto. Él siempre tuvo claro lo que quería y ningún comentario externo fue más fuerte que su voz interior.

Normalmente soñamos con las cosas típicas, ya sabes, las que vienen en el combo de la vida: quiero ser doctor/ingeniero/secretaria/empresario/conductor de televisión/diputada/policía/abogado/huachicolero/político (¿los últimos dos no son lo mismo?); quiero ser una gran mamá o un gran papá, o el famoso y vanagloriado: "Quiero ser alguien en la vida." Sí, está bien que quieras ser alguien, pero ¿quién?, ¿quién quieres ser? Contestamos estas cosas como nuestros sueños, porque son los chips que nos integra la sociedad, son las estructuras básicas de la vida, el deber ser, los objetivos que, aunque sean de cajón, no son nada fáciles de lograr.

¿Qué otros sueños tienes?, ¿cuáles son tus objetivos más allá de los genéricos? Entre más cosas sueñes, más cosas puedes lograr. No hay límites ni peso límite en las maletas para los sueños.

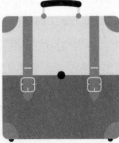

Las personas que más cosas han logrado son las que más cosas soñaban y siguen soñando. Por eso es tan importante tener definido tu objetivo, porque no se puede defender algo que no sabes qué es. Piensa muy bien cuáles son tus metas y qué objetivo tienes para avanzar a la siguiente casilla.

Una vez más: no importa de dónde vienes, sino a dónde vas.

YA TENGO MI SUEÑO, AHORA ¿QUÉ HAGO?

Paso 2. Los micropasos

Una vez que tienes un objetivo o un sueño claro, es momento de empezar a trabajar en él. Como dice Jack Canfield, autor de un libro que te recomiendo mucho, *Sopa de pollo para el alma*: "No te demores en hacer algo, porque nada tarda tanto como lo que no se empieza", y es completamente real.

Los micropasos son la serie de acciones que tienes que ir ejecutando para construir algo. La mayoría de ellos no es difícil, sin embargo, como son tantos, es la etapa donde muchas personas desisten o renuncian, dejando las cosas a la mitad. El otro problema que poncha y elimina a mucha gente en esta etapa son los errores.

Te vas a encontrar con problemas, errores y pequeños fracasos, y como te comenté en el capítulo "Equivócate feliz", tienes que enfrentarlos, aprender de ellos, darles la vuelta y seguir; prácticamente, tienes que olvidarte del **cómo no** y encontrar el **cómo sí**, es el reto de esta etapa.

Acuérdate de que equivocarte en algo nos da experiencia y nos pone en una posición privilegiada ante el siguiente intento. Si estás dispuesto a seguir todos los pasos y a no detenerte ante ningún problema, vas a alcanzar cualquier cosa que te propongas. No importa lo grande que sea.

Para que te des una idea de la importancia de planear. De acuerdo con el Centro para el Desarrollo de la Competitividad Empresarial, en 2018, 75 por ciento de las pequeñas y medianas empresas en México fracasa durante los dos primeros años de existencia.

Digamos que tu sueño es tocar en una banda de rock. El primer micropaso sería poner un anuncio en tu universidad o escuela que diga: "Solicito baterista, guitarrista, tecladista, bajista" (espero que seas el vocalista), y subirlo a tus redes sociales. El segundo micropaso es esperar a que llamen y ponerte de acuerdo con ellos. El tercero, conseguir un lugar donde ensayar. El cuarto, juntarse y conocer a cada uno y sus estilos. El quinto, ponerse de acuerdo en el género que van a tocar. El sexto, empezar a ensayar. El séptimo, componer una canción. El octavo, grabarla, ya sea en una computadora o en un estudio profesional (según el presupuesto). Y, finalmente, el noveno, buscar gente en la industria musical para compartirles la canción, subirla a las plataformas digitales y llevarla a la radio para que la programen.

La pregunta es, ¿va a tener éxito el grupo? (Piénsalo). Quién sabe. La realidad es que no sabemos si el grupo funcionará, pero lo que sí te puedo asegurar es que este grupo tiene un millón de posibilidades más, que el grupo del chavo que jamás puso el anuncio en su universidad ni lo subió a sus redes. Este grupo tiene la posibilidad de ganar Grammys, de romper el récord de conciertos en el Auditorio Nacional, de representar a su país internacionalmente, en comparación con el otro grupo, que jamás existió.

Si quieres poner un despacho de contabilidad, un salón de belleza, un servicio de *call center*, una agencia de consultoría digital, un consultorio psicológico, un estudio de yoga y meditación, una agencia aduanal, un antro LGBT o un restaurante de comida yucateca, sea lo que sea, tienes que seguir los micropasos.

Una vez que tengas tu idea, el primer micropaso sería tener dinero para invertir, buscar un préstamo, encontrar un patrocinador o un socio. Segundo, hacer un estudio de mercado, conocer a tu competencia, pensar en qué te vas a diferenciar de ellos. Tercero, buscar un local, una oficina, una bodega, el espacio que necesites. Cuarto, sacar los permisos, las licencias, las concesiones. Quinto, pensar en un nombre, un logotipo, un eslogan y seguir así. Hacer los micropasos que sean necesarios para cada tipo de sueño o negocio, para abrir, operar y empezar a aprender, para hacerlo mejor.

Si te fijas, cada micropaso suena sencillo, pero puede tener muchos retos y problemas dentro de cada uno. El reto más grande es sacarlos adelante uno a uno, no dejarlos inconclusos y, sobre todo, no rendirte. Si vas paso por paso, resolviendo uno por uno, lo vas a lograr. El problema es que mucha gente se queda en el desarrollo del primero, se desespera, se cansa y para.

Digamos que eres soltera y tu sueño es conocer París. Primer micropaso, empezar a ahorrar; segundo, checar cuándo tienes vacaciones en el trabajo; tercero, buscar en internet las mejores tarifas y paquetes; cuarto, seguir ahorrando; quinto...

Una de las chicas de tu oficina llegó el miércoles en la mañana con una maleta y la abrió sobre tu escritorio. ¡Qué miedo! Vendía jeans colombianos que resaltan las curvas de una manera impresionante, la marca: pompis al doble, ¡¡¡ya valió!!! Compraste tres, unos de mezclilla y unos blancos y otros negros, porque son básicos, ah, y porque "de estos ya no va volver a traer".

Tenías ahorrados doce mil pesos para tu viaje y cada par de jeans costaba tres mil, por lo que te gastaste nueve y sólo te quedaron tres. Te quedó tan poquito que después también te los gastaste.

Pasan quince años, tienes dos hijos, un esposo viendo el futbol y gastritis crónica. Estás viendo el final de la película *Alguien tiene que ceder*, con Diane Keaton y Jack Nicholson. En una escena sale el Arco del Triunfo, los Campos Elíseos, la Torre Eiffel. Ves París y piensas: "Yo quería conocer París, ¿qué me detuvo?"

Si tuvieras una buena memoria para regresar quince años, tres meses y cuatro días, te morirías de la pena al darte cuenta de que lo que detuvo fueron tres pares de mugres jeans colombianos, pompis al doble. El problema fue que esa compra detuvo el proceso del ahorro y ya no continuaste.

Este es un ejemplo muy sencillo que nos enseña algo muy valioso a todos, cada persona lo puede aplicar a cosas muy sencillas o a asuntos más complejos, como a la entrada de tu empresa a la Bolsa de Valores internacional.

También es común que procrastinamos la situación. Procrastinar significa aplazar, evadir, dejar de hacer tareas o responsabilidades, para hacer cosas irrelevantes (y, *obvio*, más placenteras). En pocas palabras, hacerse tonto para no enfrentar las tareas que son importantes para tu crecimiento.

De acuerdo con el psicólogo Tim Pychlyl, quien coordina un grupo de investigación sobre la procrastinación, en la Universidad de Carleton, Canadá, posponer las actividades es el problema más grave de la educación actual. Tomar la decisión de no hacer algo, a pesar de que no hacerlo será peor, les afecta no sólo el desempeño, sino también la salud mental y física a las personas, además de que no hacer está relacionado directamente con miedo al fracaso.

> **"No te rindas nunca, no sabes si el siguiente intento será el que funcione."**

Te comparto una estrategia que hago y me ha funcionado mucho.

Cuando tengo una idea para algún proyecto que quisiera hacer, vender o producir, el primer paso sería desarrollar la idea, pero ¿qué crees? Como desarrollar la idea es cansado, tedioso y no tiene un día de entrega, muchas veces lo dejaba a medias. No trabajaba lo suficiente o renunciaba si lo encontraba muy difícil, entonces dejaba muchas cosas sin terminar ni presentar. Por ello decidí cambiar la estrategia. Empecé a hacerlo al revés. Cuando se me ocurre una idea, la presento a un ejecutivo de la televisora, a un cliente o a una marca. ¿Sabes qué hago? Le llamo a la persona que la va a autorizar o a comprar y hago una cita antes de tener el proyecto desarrollado, solamente con la idea de algo que va a existir.

Suena loco, pero no sabes cómo me ayuda. Hago la cita con tiempo suficiente para trabajar, digamos como quince días a partir de ese momento y, entonces sí, nos ponemos a trabajar. De esa manera, me olvido de los pretextos, de las evasiones y de los problemas, porque sea el problema que sea, sí o sí, tenemos que resolverlo, y rápido. Al tener un *dead line*, una fecha de entrega, todo cambia. De esa manera he logrado muchos proyectos.

Dicen que lo único constante en la vida es el cambio y que todos los cambios son buenos. Yo creo que sólo hay un cambio negativo: cuando te resignas a algo. Puedes equivocarte, hacerlo mal, volver a empezar, pero cuando te das por vencido, ahí sí todo está perdido. En todooooooos, absolutamente todos los objetivos y sueños habrá adversidad, desesperación, dudas, inseguridades, pero asúmelo como parte del proceso. Así es, no hay camino pavimentado ni pura terracería.

Algo que también ayuda mucho es no perder tu objetivo. Tenlo en la mira todo el tiempo, porque es lo que te ayudará cuando haya problemas y sientas que todo se viene abajo. Todos hemos estado en ese punto. Pensar en el objetivo, en por qué lo haces y por qué empezaste, te encarrila de nuevo, hace que tomes fuerza y que lo sigas intentando.

También es posible que tengas que tomar otro camino. ¿Te ha pasado que una noche vas manejando muy cansado a tu casa y cuando llegas a la avenida principal está cerrada? Te quieres morir, ¿no? Vienes exhausto, ya quieres llegar y en el momento menos oportuno, se puso peor. Así actúan los problemas en tus objetivos, cuando más cansado estás, pasa algo peor. En ese momento, lo único que puedes hacer es tomar una vía alterna para llegar a casa. Quizá sea la más larga, quizá tengas que dar toda la vuelta a la ciudad, quizá tengas que pasar por una zona que no te da tanta confianza, pero es la única forma de llegar.

> **"SI EL PLAN NO FUNCIONA, CAMBIA EL PLAN, PERO NO CAMBIES LA META."**

Si hay que tomar una vía alterna, primero haz la cita antes que tengas el producto. Piensa en tu objetivo para retomar fuerza y no perder la brújula. Equivócate mil veces para aprender cómo hacerlo mejor. Detente a pensar en cada micropaso para no comprar unos jeans colombianos. Sigue adelante. Todas las personas y las empresas que han logrado algo han pasado por ahí, así que vas por buen camino.

PUEDES PORQUE PUEDES

A estas alturas de la vida (y del libro), ¿ya sabes lo que quieres?, ¿ya tienes claros tus próximos objetivos?, ¿identificaste tus sueños?

En mis conferencias, detengo todo y nos tomamos treinta segundos para pensar qué queremos, porque, ¿sabes qué?, casi nunca nos damos tiempo para nosotros. Siempre estamos tan ocupados entre mil cosas (trabajo, problemas, comidas, hijos, exámenes, sexo, viajes, pendientes en la casa, fiestas, vacaciones, vacaciones de las vacaciones, reportes mensuales, congresos, asados, problemas de pareja, etcétera), que nunca calmamos nuestra mente y no pensamos qué nos gustaría.

¿Qué te apasiona?, ¿qué te gustaría hacer, lograr o tener?

Aunque no estemos juntos en este momento, hagámoslo. Estés donde estés leyendo este libro, hagámoslo juntos. Olvídate por un momento de tus problemas en el trabajo, de tus hijos que se están peleando todos los días, del galán que te pidió el teléfono pero no te ha marcado (bueno ni un *like* de perdis, te ha dado), del jefe que te hace la vida de cuadritos, triangulitos y hasta rombitos, del dinero que no te alcanza este mes o del que te sobra y no sabes dónde invertirlo, de la celulitis que se te alcanza a ver arriba de la colcha, o de la comida con tu suegra que odias. Deja de pensar en todo eso y regálate treinta segundos, un minuto o media hora (si puedes) en silencio.

Piensa qué quieres, qué se te antoja, cuál es tu sueño, porque así podrás conseguirlo. No postergues más este momento, de una vez, en caliente, para que no se te olvide.

.... (sigue pensando)

Ahora sí, de seguro ya tienes un lugar, una dirección hacia dónde ir; no importa si tu sueño es muy grande o muy chico, en los sueños no hay tamaño, porque es tuyo, es personal.

Alguien puede soñar con ser el secretario general de las Naciones Unidas (ONU), otra persona puede soñar con poner un albergue para perros de la calle en el patio trasero de su casa. Ambos sueños son importantes por igual, porque para el primero son importantes las naciones y las relaciones internacionales y para el segundo, los animales. Ningún sueño es más grande que otro, porque es personal, es tuyo, es lo que te interesa y lo que te apasiona.

Una persona puede soñar con ser empresario o el hombre más rico del mundo, otra persona puede soñar con ver más a su abuela porque sabe que le queda muy poco tiempo de vida y la quiere disfrutar. Ninguno de los sueños es más importante que otro, porque es individual, somos independientes. Así que sueña, trabaja y deja el alma por tu sueño, no por el de alguien más.

No te compares con nadie, porque nadie tiene la misma historia. No sabemos de dónde viene cada uno. No sabemos qué facilidades o dificultades tuvo cada persona. No juzguemos a nadie y no nos comparemos con otras personas. Compárate contigo, con lo que has superado y con el camino que has recorrido. Eres lo que has superado.

Te puedo asegurar que frente a todos los problemas que has vivido, lo has hecho muy bien. No todos tenemos las mejores herramientas para salir adelante, pero hemos trabajado duro para conseguirlas poco a poco. Tu camino no es parecido al de nadie, sólo tú sabes cuánto te ha costado estar aquí.

Disfrútate mucho y vive, porque, ¿sabes qué?, la vida pasa muy rápido, los que ya no somos unos niños lo sabemos muy bien. La vida te encarrila y el tiempo no regresa.

Así que sueña, trabaja y deja el alma por tu sueño, no por el de alguien más.

Primero, la primaria, luego la secundaria, después de un rato de estudios la universidad, en el mejor de los casos, te estás recibiendo y ¿qué sigue? Te enamoras de alguien, posiblemente, te casas o vives con esa persona, hay que pagar la renta, quizá pagar una hipoteca, después, en algunos casos, tener hijos, o decidir no tenerlos y vivir para trabajar, o juntar dinero para el parto, pagar fiestas infantiles, llevar a los niños al médico, pagar las reinscripciones, me corrieron, y muchos etcéteras. Entre obligaciones se te va la vida y se te va sin acordarte de qué querías, qué te gustaba, cuál era ese sueño que tenías y olvidaste por pensar en las necesidades de la vida y en las de todos los demás.

Piensa en ti, busca en tu corazón qué es lo que más quieres, lo que amas, lo que te mueve, lo que más disfrutas y, por favor, no dejes que te encarrile la vida. Te prometo que haré lo mismo. No dejaremos de enfrentar las responsabilidades de todos los días, pero tampoco dejaremos que se nos olvide la persona más importante: Tú.

Esto no se acaba hasta que se acaba, ningún problema es más fuerte que tú mismo o que tú misma, nunca es demasiado temprano ni demasiado tarde para empezar a soñar.

Trabaja en tu autoestima, equivócate feliz, trabaja en tu persistencia, enfréntate a tus miedos y adversidades, sé distinto, encuentra el **como sí**, cambia el **pero** por el **puedo** y sobre todas las cosas **sueña**, sueña alto, porque entre más alto apuntes, más alto llegarás.

Te entrego este libro con mucho cariño y con la seguridad de que vas a lograr cualquier cosa que te propongas.

Yordi

NO HAY NADA MÁS FELIZ
PARA UN LIBRO
QUE SER LEÍDO

A nombre del libro y de su autor te agradecemos el tiempo que nos diste para leernos (y si nos subrayaste, ¡te queremos aún más!). Esperamos haberte ayudado.

Me encantaría saber tu opinión y tus comentarios acerca del libro.

Escríbeme a
yordirosado@mediosyproducciones.com
Si nos quieres contactar para conferencias,
aportaciones o ediciones especiales, hazlo en
yordirosado.com.mx

Muchas gracias.

EXPERTOS SIN PRETEXTOS

Gracias, gracias, gracias a todos los expertos que me hicieron el favor de compartirme sus conocimientos, información, entusiasmo, experiencia y tiempo para hacer posible este libro que tiene el objetivo de ayudar a muchas personas. A título personal y de cada uno de los lectores, les agradezco infinitamente su generosidad a:

Lic. Ana Pazos: Life Coach, conferencista.

Maestra Ariadna Pulido: Psicóloga, experta en Terapia de pareja y sexóloga.

Dr. Armando Franco: Psicoterapeuta, consultor y conferencista.

Dra. Adriana Ramírez: Psicóloga clínica con especialidad en educación emocional.

Lic. Helios Herrera: Conferencista, coach de vida, autor.

Dr. César Lozano: Conferencista, autor y maestro en Salud pública.

Dra.Heidi Rosado: Psicóloga clínica y tanatóloga.

Dra. Teresa Baró: Conferencista, escritora y experta en habilidades de comunicación personal, radicada en España.

Dra. María Esther Martinez Eroza: Especialista en Desarrollo humano.

Lic. Pamela Jean Zetina: Asesora en Comunicación estratégica y maestra en Desarrollo humano organizacional.

Lic. Mario Borghino: Escritor, conferencista y consultor de desarrollo organizacional y liderazgo.

Lic. Elsa Punset: Licenciada en Filosofía y Letras.

Dra. Eli Martinez: Psicoterapeuta y especialista en Empoderamiento personal y organizacional.

Maestra Renata Roa: Consultora en Imagen y comunicación facial.

Lic. Paola Rubio: Coach de vida y desarrollo de liderazgo.

Dr. Rafael Santandreu: Psicoterapeuta, autor y conferencista radicado en España.

Dra. Anamar Orihuela: Psicoterapeuta, speaker y escritora.

Dr. Walter Riso: Psicoterapeuta especialista en terapia cognitiva, magister en Bioética, autor y conferencista radicado en Argentina.

Dr. Aldo Suárez: Psicoanalista, presidente de la Asociación Psiquiátrica Mexicana.

Dra. Susana Mondragón: Psicoterapeuta de pareja e individual, especialista en adicciones.

Dra. Myriam San Román: Psicóloga especialista en Terapia cognitivo conductual.

Dr. Edilberto Peña de León: Neuropsiquiatra, director médico del Centro Remembranza.

Dr. Jorge Ferrusquía: Psicólogo clínico.

Maestra María Estela Marroquín: Psicoterapeuta cognitivo conductual.

A los expertos de la Academy of cognitive Therapy and Diplomate, en Estados Unidos.

Y a la doctora Chayo Busquets: Terapeuta familiar, escritora y conductora del programa *Chayo contigo*, en radio Joya 93.7 FM.

AGRADECIMIENTOS PERSONALES

Gracias a mis familiares, amigos y colaboradores por su ayuda, ideas, comentarios, sugerencias y su infinita paciencia y apoyo, para hacer posible este libro. Gracias por siempre estar ahí.

Manolo Fernández
Christian Álvarez
Arturo Osorio
Karina Lizama
Alejandra Serna
Christopher Heredia
Michelle López
Lucila Galicia
Gloria Negrete
Eddie Begún
Juan Pablo Padrón
Pepe Dávalos
Ricardo Zires
Rodrigo Gallardo
Claudia Sosa Solís
Juan Soler
Laura Carrizales
Ximena Ugarte
Martha Debayle
Rodrigo de Icaza
Eduardo Peniche
Roberto Ricalde
Andrés Castro
Mariano Osorio

Jimena Gallego
Anahí de la Mora
Gabriela Gutiérrez
Eduardo Suárez
Rebeca Rosado
Rebeca Moreno
Jessie Cervantes
Jesús Martz

AGRADECIMIENTO EDITORIAL

Si bien todo libro tiene un autor, también todo libro tiene un gran equipo detrás, a un lado y alrededor. Un grupo de personas que hace posible un proyecto tan importante: gracias a todo el equipo de Penguin Random House por sus ideas, conocimiento, experiencia, trabajo, talento, creatividad, estrategia, diseño y, sobre todo, por su confianza de siempre:

En la edición, gracias a César Ramos (gracias por siempre estar ahí), Andrea Salcedo, Pamela Vicenteño y Eduardo Flores.

En el diseño, Amalia Ángeles, Maru Lucero, Ramón Navarro y Eddie Begún.

En la producción, Lucía Cano y todo su equipo.

En la promoción, Cecilia Barragán, Esther González y Pamela Díaz.

En la comercialización, Jesús Grajeda, Svetlana Puig, Edgar Ángeles y todo su equipo.

Y, por supuesto, gracias infinitas por su dirección y gran visión a David García Escamilla (gracias por tu guía y tu amistad), Roberto Banchik, Pilar Gordoa y Ricardo Cayuela.

Sin ustedes, este libro no existiría, ni llegaría a las manos de tantas personas.

Gracias de todo corazón.

Este libro se terminó de escribir en la Ciudad de México el 29 de agosto de 2019. Me gustaría decirte que lo hice en el despacho que diseñé especialmente para este objetivo, pero las cosas de la vida no siempre salen como uno piensa, así que hubo algunos lugares donde tuve que escribir, para hacerlo realidad:

Cruce de Chiapas a Guatemala por carretera; Camerino del Foro 4, en Televisa San Ángel; Hotel Live Aqua San Miguel de Allende; sala vip Aeromexico, Terminal 2; oficina Spaces Polanco; Tequila, Jalisco; Vips las Antorchas, Insurgentes Sur; viaje en carretera por la selva entre Tapachula y Esquipulas Palo Gordo, Guatemala; Sandstone Creek Club, Vail Colorado; Tacos Xotepingo; Avandaro, Estado de México; terraza de Starbucks Reynosa (a 38 °C, por cierto); vuelo Costa Rica-México-Costa Rica; Reynosa, Tamaulipas; cocina-sala-antecomedor y el famoso despacho de mi casa; Riviera Maya hotel Grand Velas; Toks Santa Fe (mesa cerca del baño); Starbucks Masarik (mesa lejos del baño); carretera Ciudad Victoria-Tampico (camioneta blindada, afortunadamente); vuelo México-Orlando; Tegucijalpa, Honduras; Parrilla Suiza, Polanco; Hotel Rodavento, Valle de Bravo; Oficinas XEW Centro; Terminal 1, Aeropuerto Benito Juárez; oficinas Hyundai Guatemala City, zona 9; Key Biscayne-Miami; Parque México (colonia Condesa); Desierto de Sonora en un vagón del tren de la salud, Ferromex, recorrido Mexicali - Puerto Peñasco; Parque la Mexicana Santa

Fe; puesto de tacos y quesadillas La Marquesa, Estado de México; vuelo México-Mérida, Viva Aerobus; Hotel Conrad, San Luis Potosí; Cabaña Lake Tahoe, Nevada; Huehuetenango, Guatemala; Plaza Garden Santa Fe; Hotel Hilton San Diego, California y Restaurant Le Pain Quotidien Palmas.

YORDI ROSADO es licenciado en Ciencias de la Comunicación por la Universidad Intercontinental y ha trabajado con los expertos mejor calificados en temas de superación, empoderamiento, adolescencia y paternidad. Con el dinamismo y carisma que lo distinguen, ha impartido por más de 20 años, a nivel nacional e internacional, pláticas, conferencias y talleres para empresas, asociaciones, padres y adolescentes sobre emprendimiento, desarrollo humano, empoderamiento, autoestima, adolescentes, redes sociales, límites, comunicación y otros temas de gran interés. Sus libros *Quiúbole con...* para mujeres y hombres adolescentes (en coautoría con Gaby Vargas), así como *¡Renuncio! Tengo un hijo adolescente ¡y no sé qué hacer!* y *S. O. S. Adolescentes fuera de control en la Era digital*, se han convertido en longsellers con más de 2 millones de ejemplares vendidos. Es considerado una de las personas más influyentes en redes sociales con más de 7 millones de followers y ha sido productor y locutor de los programas de radio *Qué pex, Despierta* y *Yordi en EXA*, de la estación EXA FM, durante casi 15 años ininterrumpidos. También fue productor y conductor de televisión de los programas juveniles más impactantes de México, como *Otro rollo, Está cañón* y *Game time*, emisiones número uno en audiencia en México, Latinoamérica y la comunidad hispana en Estados Unidos.

www.yordirosado.com.mx

▶ Yordi Rosado

🄵 /YordiRosado

🄣 @YordiRosado

🄞 @yordirosadooficial